Cómo participar en ferias comerciales

Cristina Peña Andrés

Con la colaboración de:

www.logisnet.com

En recuerdo de Milán.
A Alberto, porque allí labramos muchos de nuestros sueños.
A Diego, Álvaro y Jorge, mi verdadero tesoro.

Índice

La autora. 7

Prólogo 9

Parte 1
Organización de la participación en ferias comerciales

Capítulo 1. Beneficios de una feria 13

Capítulo 2. Definición de objetivos 15

Capítulo 3. Selección de la feria y comunicación
con la organización 21

Capítulo 4. Análisis de la oferta
de la organización ferial 27

Capítulo 5. La ubicación 33

Capítulo 6. El presupuesto, la reserva y la
contratación ferial 38

Capítulo 7. El calendario 45

Capítulo 8. El estand 55

Capítulo 9. Búsqueda de apoyos económicos 72

Capítulo 10. Tácticas para el evento 76

Capítulo 11. Plan logístico de materiales. 84

Capítulo 12. Plan logístico para las personas 88
Capítulo 13. Plan organizativo del estand 92

Parte 2
Desarrollo de la feria

Capítulo 14. Primer día de la feria 103
Capítulo 15. Cumplimentación documental 107
Capítulo 16. Actividades en la feria 110

Parte 3
Rentabilización de la presencia en feria

Capítulo 17. Seguimiento comercial 119
Capítulo 18. Marketing digital eficaz................. 123
Capítulo 19. Informe de conclusiones 125
Capítulo 20. Control del presupuesto................. 127
Capítulo 21. Análisis de resultados a medio plazo 129
Capítulo 22. Planificación de la próxima asistencia 131

Test de autoevaluación 133
Soluciones del test de autoevaluación................. 136

La autora

 **Cristina Peña Andrés** (Madrid, 1977), es ingeniéro superior industrial por la Universidad Politécnica de Madrid. Cuenta con un MBA Internacional por la Universidad del Escorial (Real Centro Universitario Escorial - María Cristina), y con diferentes cursos universitarios y diplomas relacionados con el comercio exterior y la dirección de empresas.

Actualmente es directora sénior en una posición vinculada al comercio exterior, y a la logística y el transporte internacional en una multinacional del sector de la construcción que exporta a todos los continentes.

Al mismo tiempo es profesora de la Fundación ICIL, un referente en formación logística. Ha impartido numerosos cursos a profesionales, ha dictado ponencias en seminarios y ha colaborado en revistas sectoriales.

Es coautora del libro *Crédito documentario. Guía para el éxito en su gestión*, editado por Marge Books en 2015. A esta primera edición, le siguió una segunda en el mismo año, donde se incluyó un caso práctico desarrollado por completo.

Es autora del libro *Manual de transporte para el comercio internacional. Selección y gestión de transporte para la exportación*, editado por Marge Books en 2016, así como de su anexo relativo a las nuevas enmiendas al Convenio SOLAS.

También es autora del libro *Negociación para el comercio internacional*, editado por Marge Books en 2016.

Este manual es la recopilación sencilla, didáctica y cercana de sus casi quince años dedicados al transporte internacional y a la gestión de la exportación.

 @cristinapenaand

 www.cristinapenaandres.com

Prólogo

He de decir que me gustan las ferias. Desde siempre me ha resultado agradable acudir a ellas. Me parecen puntos de encuentro extraordinarios, se pueden probar nuevos productos, suele haber obsequios e invitaciones y es fácil encontrar lo que se busca, porque la oferta está agrupada.

Cuando fui directora de Exportaciones de una empresa especializada en ventilación y aire acondicionado, tuve la oportunidad de visitar diversas ferias y participar con un estand[1] en las muestras más importantes del sector. Organizar la participación en ferias internacionales y acudir a ellas con estand propio es una de las actividades profesionales que más me han satisfecho y con las que más he disfrutado a lo largo de mi carrera, ya que proporcionan un contacto humano muy enriquecedor. Las ferias unen a personas de todos los lugares del mundo, son abiertas y dinámicas, y sacan lo mejor de las empresas asistentes. Por ello, considero muy importante plasmar en un libro el gran trabajo que se esconde tras las ferias comerciales, que durante unos días permiten la convivencia sectorial.

A veces, estos eventos son citas obligatorias. Por eso es clave saber elegir en cuáles estar y cuándo hacerlo. La asistencia o la

---

[1] N. de la E.: en esta obra se utiliza el termino español «estand», recogido en el Diccionario de la Real Academia Española, aunque también es de uso común la voz inglesa *stand.*

ausencia es un mensaje que se emite a los clientes, a los proveedores, a la competencia y a posibles socios. Hay que ser coherente para comunicar exactamente lo que se quiere comunicar.

Participar en una feria no es simplemente hacer acto de presencia. Requiere meses de preparación, organización y negociación. Sin embargo, en los días de feria se trata de seducir en pocos segundos, mientras que, posteriormente, hay que dar respuesta a los compromisos adquiridos durante esos días de promoción y trabajar duro para cumplir lo prometido.

El éxito se mide *a posteriori*. Durante su desarrollo, todo parece una oportunidad de negocio, se reciben cientos de tarjetas de visita y se saluda a todo tipo de visitantes. El análisis de datos, el seguimiento de clientes potenciales, la asistencia a clientes actuales y la monitorización de resultados llevarán a tomar decisiones, como valorar la experiencia como satisfactoria y repetirla, optar por otras ferias potencialmente más interesantes o desarrollar otras actividades promocionales diferentes.

Este libro contiene todos los pasos que hay que dar para tener éxito en la participación en una feria. Se recogen anécdotas, desafíos organizativos, la estrategia para resolver cada posible incidente y las tácticas específicas para obtener un resultado óptimo. Además, incluye un bloque de reflexión sobre la actuación en cada feria, analizando los eventos por completo y evaluando los resultados.

Esta guía práctica es una recopilación ordenada y didáctica de los pasos que hay que dar para sacarle la máxima rentabilidad a la asistencia a una feria, garantizando una participación estructurada y planificada que permitirá alcanzar el éxito.

Parte 1
Organización de la participación en ferias comerciales

Capítulo 1
Beneficios de una feria

Las ferias comerciales, nacionales o internacionales, son puntos de encuentro donde concurren muchos actores indispensables en la actividad empresarial. En pocos sitios se reúne al mismo tiempo a tan alto número de clientes potenciales. Esto ofrece la posibilidad de entrevistarse con un gran número de posibles compradores. En ningún otro sitio se encuentra una concentración similar.

Además, son eventos altamente promocionados, cuentan con patrocinadores de distinta índole, organizadores institucionales y empresas privadas, por lo que puede resultar muy rentable aprovechar los medios de comunicación y promoción al alcance de los participantes. ¿Dónde se puede conseguir más impacto y tener más repercusión mediática a la hora de lanzar un nuevo producto o de hablar de la última innovación en la que se trabaja sin necesidad de gastar las cantidades económicas que los medios de comunicación digitales o impresos requieren?

Las ferias ofrecen visibilidad. Estar presente en ellas siempre es una publicidad positiva, mientras que no estar puede suponer un daño irreversible para la imagen de la empresa.

Hay que tener en cuenta que las ferias más importantes tienden a convertirse en prescriptoras de las tendencias futuras de su sector. Los distintos foros y debates que se desarrollan en los días de feria pueden marcar los pasos a dar. Toda la actividad formativa que se desarrolla en ellas, ya sean conferencias, cursos, simulaciones o presentaciones, constituye una puesta en común de conocimiento sectorial. De ahí la importancia de participar si se considera que la empresa tiene peso en el sector y voz propia para adelantar su visión de futuro. En las ferias, también se muestra la competencia. Estudiarla de cerca es una fuente de conocimiento muy valiosa.

Además, no solo se desarrolla una actividad comercial. Los profesionales pueden encontrarse con empresas proveedores, agentes, distribuidores, socios y antiguos clientes a los que se puede volver a cautivar.

Lo mejor es el ánimo con el que todos acuden allí. Hay un espíritu optimista, de colaboración. Las personas se muestran receptivas, porque han ido allí *motu proprio*, dispuestas a aceptar propuestas comerciales e incluso a comprar, y esto solo se da en los establecimientos de comercio tradicional y en las páginas web.

Estando presente en una feria se emite un mensaje positivo. Se muestra que la empresa sabe «moverse» en cualquier escenario, tiene capacidad organizativa e invierte en *marketing* y promoción. En una feria, una empresa pequeña puede parecer grande, y una gran empresa tener una presencia más bien discreta. Si se focaliza bien el mensaje que se quiere transmitir, si se cuenta con una buena planificación y ejecución que permita alcanzar objetivo ambiciosos, la asistencia a feria puede resultar una inversión muy rentable.

Capítulo 2
Definición de objetivos

La asistencia y participación en ferias comerciales se deriva de la estrategia de *marketing* de la empresa. Dependiendo de los objetivos planteados, se puede determinar asistir a una feria específica en un país u otro, o recurrir a misiones comerciales con una agenda más específica, que permita visitar directamente a empresas preseleccionadas que cumplan con un perfil concreto. También se puede decidir no viajar y realizar los encuentros con clientes mediante sistemas de comunicación de voz y vídeo a través de internet, por teléfono o correo electrónico, especialmente si el tipo de producto permite esta forma de comercialización y se prefiere no incurrir en los costos promocionales que resultan de las visitas a clientes. La decisión dependerá del margen del producto, su complejidad, la posibilidad de venderlo en línea, la diversificación de clientes o, incluso, del tipo de publicidad realizada.

Si se concluye que una feria es interesante, habrá que decidir si acudir como público durante una o más jornadas, o participar con estand propio. Si se acude como visitante, el costo será lógicamente más económico y se dispondrá de más tiempo para recorrer la feria, investigar posibles empresas colaboradoras o la competencia y participar en conferencias u otras actividades que ofrezcan una visión global del mercado.

En cualquier caso, antes de participar como expositor en una feria, es mejor acudir a ella como visitante. Se evitarán muchas decepciones antes de incurrir en un desembolso irreversible. Por lo tanto, es prudente comenzar visitando una feria para conocerla, realizando una primera toma de contacto, y descubrir qué otras empresas del sector acuden y cómo lo hacen.

Es importante recopilar la información necesaria sobre el mercado al que se propone acceder la empresa, para conocer, por ejemplo, las barreras comerciales que podrían impedir o dificultar sus operaciones en el país. Hay que saber si existen medidas altamente proteccionistas para el producto que se pretende exportar, si implican aranceles excesivos, si el mercado tiene o no potencial de crecimiento, si el producto se adaptará a las necesidades o requisitos legales de ese mercado, etc.

Trabajé en una empresa que optó por acudir a una feria sectorial de Moscú que nunca antes se había visitado. Sin embargo, se decidió conocerla, porque llegó una propuesta de una asociación sectorial para compartir un estand con otros fabricantes para la prospección de nuevos mercados.

Una vez allí, el equipo profesional que participaba en la misión se encontró con que los potenciales clientes que visitaban el estand hablaban solo ruso y que para acceder al mercado de este país se necesitaba recurrir a un agente local.

A veces, la organización ferial «vende» la participación de grandes empresas, pero una vez en la muestra se comprueba que su presencia es reducida o se lleva a cabo a través de un agente local. También, en ocasiones, se pueden ver estands vacíos con una azafata subcontratada que deja folletos a primera hora de la mañana y no aparece en todo el día. Esta práctica perjudica a todos los que acuden a la feria, expositores, y visitantes, porque supone reducirla a un mural con cajetines llenos de publicidad.

No obstante, en países aún no explorados por la competencia, ser pionero y participar en alguna de sus ferias locales con nueva proyección internacional puede marcar la diferencia, pues permite negociar en primicia con las empresas más importantes y establecer mejores condiciones iniciales de venta y distribución.

Lo más razonable hubiera sido asistir a la feria como visitante, lo que permitiría conocer bien su funcionamiento y el del mercado con un menor costo. Si se hubiera hecho así, se habría comprendido la necesidad de colaborar primero con un socio local para acceder al mercado ruso. Durante la visita a la feria o la vuelta, se habría localizado el más idóneo. Una vez que se contara con su apoyo, la participación en la siguiente edición de la feria como expositor (en solitario o en estand compartido) habría constituida la plataforma perfecta para ayudar al nuevo socio a consolidar su trabajo como representante de nuestra empresa, cuyos productos comercializaría.

Si finalmente se decide acudir a una feria o incluso exhibir productos en un estand, los objetivos determinarán el tipo de muestra (abierta al público general o bien muy técnica o específica para el sector), el material específico que se quiere exponer y el tipo de presentación (¿Se quiere dar una imagen de líder o se estima mejor dar una apariencia más humilde? ¿Se quiere mostrar crecimiento o sostenibilidad?).

Dependiendo del público objetivo que se busque contactar, de las posibles empresas colaboradoras que interese localizar y del presupuesto de que se disponga, se podrá definir el espacio necesario, la distribución en planta, el tipo de estand, las personas que se harán cargo del mismo durante el evento, la realización de promociones o campañas determinadas, si se aprovecha para el lanzamiento de productos o para terminar existencias de temporadas pasadas, o si la participación se acompaña de un plan de medios o no.

Es importante platearse algunos objetivos específicos, medibles, alcanzables, realistas y temporalmente acotados, lo que se conoce como objetivos SMART (esta palabra, que significa inteligente en inglés, es también un acrónimo formado por las iniciales de *specific, measureble, achievable, realistic* y *timed*). Solo así se puede medir posteriormente el éxito de la feria y saber si se han alcanzado o no las metas que se perseguían. Los objetivos pueden plantearse de manera cuantificable, dentro de una lógica numérica que los haga posibles aunque el planteamiento sea ambicioso. No obstante, a veces no se sencillo medir algunos objetivos cualitativos, por ejemplo, el grado de fidelización de clientes. Hay que atender a las visitas de los clientes actuales. Es importante ser amables con ellos, recibirlos, invitarlos a sentarse y hacerles algún obsequio, ya que deben sentir nuestro aprecio y respeto. Si se sienten ninguneados, podrían sentir falta de interés e incluso rechazo. Hay que aprovechar para conocer personalmente a todo su equipo, saludarlos calurosamente y mostrar interés por todo lo que tengan que contarnos. Es un momento clave para recabar información sobre a quién más compran, cómo van sus cifras, quién les vende determinados componentes, cómo va su competencia, cuáles son sus proyectos, etc. Todo ello, bien llevado, en una conversación amena y amistosa, permitirá conocer mejor a otros posibles proveedores, los precios del sector y los actores en el mercado, y comparar nuestras cifras o tendencias, así como las dificultades del sector. Además, es una manera eficaz de completar el estudio de la competencia (productos, lanzamientos, promociones, etc.).

A algunos clientes les gusta aprovechar los encuentros personales para formalizar pedidos o entregar la hoja de pedido ya preparada. En cualquier caso, en las ferias con frecuencia se cierran negocios que han estado abiertos durante largo tiempo por correo electrónico, o se consigue encauzar un nuevo proyecto a partir de una conversación amistosa y calmada, donde se pone encima de la mesa todo lo que se había trabajado anteriormente.

Otros posibles visitantes son los agentes o las empresas distribuidoras. Es importante conocer de antemano si se busca su colaboración y qué se desea cubrir con ella. Una feria es un lugar adecuado para encontrar empresas colaboradoras locales. Después, será más difícil hallarlas. Además, conviene conocer directamente a las personas desde el inicio, para evitar desilusiones o sorpresas.

Por último, las ferias son sitios idóneos para presentar productos o gamas de producto, novedades tecnológicas y nuevos agentes o personal, así como para introducirse en nuevos segmentos de mercado. Si este es el objetivo marcado, resulta fácil cuantificar el número de personas que han podido acceder a cada presentación y el costo de oportunidad que ha supuesto.

A modo de resumen, los objetivos mínimos que suelen cumplir las ferias son:

- Reforzar la imagen de la empresa, de la marca y del origen de la mercancía.
- Pulsar el mercado real.
- Estar cerca de los clientes y darse a conocer en persona, potenciando relaciones personales.
- Medir el nivel de aceptación del producto. Someterlo a valoración y test.
- Recoger datos.
- Seleccionar nuevas empresas colaboradoras.
- Visualizar la competencia en plena actividad comercial.

Capítulo 3
Selección de la feria
y comunicación con la organización

Las ferias se pueden clasificar atendiendo al tipo de visitante al que se dirigen. Pueden ser profesionales o abiertas al público general, pero también mixtas. En estas últimas se suelen reservar las jornadas laborales para los profesionales, mientras que el fin de semana se abren al público en general. Además, según su ámbito geográfico, podemos hablar de ferias locales, nacionales o internacionales.

Esta guía está focalizada en ferias internacionales y profesionales, con distintas periodicidades. Normalmente las ferias tienen lugar una vez al año, cada dos años o cada tres (es decir, anuales, bienales o trienales). En ocasiones, se pueden llegar a repetir dos veces en el mismo año, es decir, son bianuales, pero esto no es habitual en ferias internacionales, sino más bien en eventos de índole local.

Las ferias se clasifican también según su temática. Algunas están dedicadas a sectores específicos (gastronomía, construcción, juguete, informática, aire acondicionado y ventilación, etc.), mientras que otras son más generales o de agrupación sectorial, que reúnen grandes áreas.

En general, los **criterios que se deben analizar** para seleccionar una feria u otra son:

- **País sede de la feria**

  Si una empresa acude a un país, el principal cliente potencial al que se dirigirá será el local, por lo que es interesante disponer de un estudio de mercado previo en el que se determine qué barreras comerciales y arancelarias se pueden encontrar, así como la posibilidad de distribuir los productos desde ese país a otros potencialmente interesantes. También hay que ver si el producto que se quiere ofrecer es acorde con las costumbres locales, tiene cabida en la posible demanda o si será necesario adaptarlo. Por último, se debería conocer la competencia existente en dicho mercado.

- **Ciudad donde la feria se celebra**

  Es un factor significativo, en cuanto puede incentivar o desincentivar la asistencia de visitantes, ya sea por la facilidad de acceso, los atractivos propios de la ciudad, la disponibilidad de alojamientos, etc.

- **Antigüedad de la feria**

  El número de ediciones anteriores está muy relacionado con el prestigio de la feria. Hay citas irrenunciables, pues tienen tal tradición sectorial que estar ausente puede ser interpretado como una señal dificultades económicas o de haber perdido el norte. Obviamente si se tiene peso en el sector, no cabe discutir la presencia en dichas ferias, a no ser que la ausencia sea un símbolo de rebeldía y se acuerde con algún actor más del sector.

- **Periodicidad de la feria**

  Si una feria es anual, hay que acudir para consolidar la presencia en ella. Cuando la cita es bienal de años pares, puede combinarse con otra bienal de años impares.

- **Fechas en las que suele celebrarse**

  Cuando se conocen las fechas exactas, es más fácil compatibilizar la participación en la feria con la agenda corporativa. No es recomendable que el personal acuda a dos ferias seguidas, porque se ausentará de su trabajo habitual demasiado tiempo, y no podrá dedicarse a analizar los resultados, ni a responder a los compromisos adquiridos durante la feria

- **Empresas participantes**

  Es interesante comprobar si la competencia, los clientes o los proveedores figuran en los listados de las empresas que han participado en ediciones anteriores. A veces también se conoce con antelación qué empresas han comprometido ya la asistencia para la edición próxima, lo que puede ser clave para la toma de decisión.

- **Países participantes**

  El público que se espera en una feria internacional no es principalmente de origen local (aunque obviamente tendrá cierto peso), sino internacional, con visitantes de diferentes nacionalidades que pueden encontrar interesante dicha cita como plataforma de negocios.

- **Número de visitantes**

  Las cifras reales de visitantes de ediciones anteriores ofrecen una dimensión del evento. Aunque las que presentan más expositores acostumbran a acoger un mayor número de visitantes, no hay que dejarse deslumbrar por las cifras oficiales. Es conveniente contar con la opinión y la experiencia de algún expositor o visitante de confianza.

- **Medios de promoción que ofrece**

  Muchas ferias tienen un servicio de prensa que ofrece noticias sectoriales o novedades para publicar en me-

Figura 3.1. Algunas ferias sectoriales reciben cada año gran afluencia de visitantes, como el Mobile World Congress de Barcelona.

dios de comunicación local o internacional. También se puede contratar publicidad y pagar por ser patrocinador en la propia web de la feria o en los distintos eventos y actos que se desarrollen.

- **Medios de comunicación especializados y de difusión general**
  Sean en formato digital o impreso, son un portavoz de la feria y un instrumento que multiplica la posibilidad de difundir las novedades presentadas en ella. Tanto los medios de comunicación especializados como los de difusión general acostumbran a realizar ediciones especiales dedicadas al evento. Si alguna personalidad destacada visita o imparte alguna conferencia durante el mismo, la difusión en los grandes medios será mayor.

- **Conferencias, cursos o seminarios, congresos asociados**
  Todas las actividades que se celebren en torno a la feria constituyen un apoyo más al desarrollo de la misma y a su capacidad de captación de nuevos visitantes.

- **Costo de participación**
  Si el conjunto de factores se valora positivamente, se deberá elaborar un presupuesto y comprobar su viabilidad, para lo que es necesario contactar con los organizadores de la feria y solicitar una cotización.

En general, la **comunicación con la organización ferial**
debe proporcionar:

- Las normas de participación.
- Los servicios que ofrece la organización del evento.
- Un presupuesto para espacio y servicios adicionales.
- Los servicios incluidos. En países extranjeros, es impor-
  tante el retorno del VAT o IVA.
- Las fechas límites de reserva y confirmación, así como
  calendario de pagos.
- El programa de actividades previstas.
- Las novedades para la próxima edición.
- El plan de medios, servicios de prensa.
- Información sobre pases de visitante, montador, exposi-
  tor, estacionamiento, etc.
- Ubicación, puertas de acceso para personas y mercan-
  cías, y sistemas de transporte público para acceder al
  recinto ferial.
- Inclusión de la empresa en el catálogo de la feria (tanto
  en papel como en línea) e información sobre cómo patrocinar alguna guía dirigida a los visitantes.

Capítulo 4
Análisis de la oferta
de la organización ferial

En general, todas las ferias suelen disponer en su web de una ficha técnica en la que aparece su denominación completa y los datos fundamentales, tales como número de edición, fechas del evento, lugar, periodicidad, carácter profesional o no, empresa organizadora, sector, perfil de visitantes, asociaciones u organismos que la promueven las, entidades colaboradoras y dirección del recinto ferial, con su geoposicionamiento.

Al contactar con la organización, esta acostumbra a informar telefónicamente y por correo electrónico sobre los servicios que ofrece y los pasos que hay que seguir para contratarlos, con el calendario asociado. Las fechas límites son clave.

Todas las ferias disponen de información sobre los eventos que se proyectan realizar, como congresos, seminarios, presentaciones o jornadas técnicas.

Antes de participar en una feria se puede hacer una prospección de la misma, especialmente si se desconoce el mercado o no es posible participar con un pabellón agrupado. Cuando se da el paso de participar con un estand propio, es recomendable conocer ya el mercado y la feria. Hay que disponer de recursos para hacerlo, porque los costos de participación son más o menos elevados según la feria a la que se desee acudir.

Para valorar si se dispone de recursos para participar individualmente y determinar el tipo de participación, habrá que pedir presupuestos a la organización ferial, así como a las empresas que diseñan y decoran estands, los transportistas, las agencias de viajes y las aseguradoras. Los datos que presenta la organización ferial en su oferta se corresponden con los siguientes apartados:

- **Alquiler del espacio**
  El precio se cotiza por metro cuadrado, según las características del espacio. Suele diferir en función de si el

---

EL CATÁLOGO DE LA FERIA Y SU FUNCIÓN

- Es la guía que usan los visitantes para conocer qué expositores participan y dónde se ubican. Por tanto, no estar en el catálogo es como no participar. En las ferias pequeñas, los visitantes recorren todos los pasillos y no necesitan recurrir a las guías de expositores, sino que van improvisando, como en un mercado. En las ferias grandes, con varios pabellones, frecuentemente es imposible recorrer el conjunto ferial en una jornada. Por ello, resulta imprescindible analizar el catálogo por sectores, seleccionar las

---

Figura 4.1. Las organizaciones feriales pueden ofertar servicios integrales a las empresas expositoras, desde el alquiler del espacio hasta la construcción y acabados de los estands.

empresas interesantes, verificar en el mapa su situación y definir una ruta lógica para visitar aquellas seleccionadas en el tiempo de que se dispone.

- Es el compendio sectorial que las empresas se llevan de retorno, con la información sobre las compañías que se dedican a cada actividad. Por lo tanto, al cumplimentar los datos para la inclusión en el catálogo, es necesario introducir las actividades donde se quiere que otros puedan ubicar a la empresa, así como las palabras clave de productos o tipos de producto a la venta.

espacio tiene solo un lado abierto, es decir, con el frente a un pasillo, dos lados, tres o es una isla. En general, no se cotiza según su ubicación.

- **Servicios adicionales**

Puede ofrecer precios para servicios adicionales tales como:

- Estands modulares de distintas tipologías.
- Mobiliario en alquiler para los días de evento.
- Elementos ornamentales, audiovisuales y restauración, entre otros.
- Almacenamiento de embalajes que deban ser reutilizados después de la feria.

- **Servicios incluidos**

En los presupuestos recibidos pueden estar incluidos algunos servicios, como moqueta, limpieza, etc. Todos los conceptos a facturar tienen que estar claros, por estar incluidos en una u otra partida, o por ser específicamente ofertados. Es necesario dejar claro que no se permitirán sorpresas de última hora.

- **Retorno de IVA**

En numerosos países se puede recuperar el IVA o VAT de los servicios contratados. Hay que preguntar por el protocolo de tramitación a la organización ferial.

- ## Patrocinios y publicidad

  Cada organización ferial permite un tipo distinto de patrocinios y publicidad. A pesar de su costo, pueden ser muy interesantes según la estrategia de posicionamiento que se decida llevar.

- ## Pases de acceso

  No disponer del pase de acceso adecuado para cada actividad solo comporta ineficiencias. El personal encargado de la seguridad en los recintos feriales no permitirá el acceso sin la correspondiente identificación, por lo que hay que asegurar que se dispone de ella en cada fase (montaje, equipo profesional de expositores, aparcamiento de vehículos, etc.). Por ejemplo, con un pase de expositor se puede acceder sin hacer colas, antes del horario de apertura, por entradas laterales, etc.

Figura 4.2. Existen diferentes tipos de acreditaciones. No tienen los mismos privilegios los pases de expositor que las invitaciones.

- **Catálogo de la feria**

  Si una empresa no figura en el catálogo de una feria importante (en papel o en línea), será como si no hubiera acudido a ella de cara a ciertos visitantes. La presencia en el catálogo puede estar incluida en el alquiler del espacio o tener un costo aparte, pero es absolutamente necesaria. En cualquier caso, el plazo para contratar la presencia en el catálogo es limitante. Se puede contratar la feria, cuando ya se ha cerrado la inscripción en el catálogo en papel. Si se excede esa fecha límite, por retraso o por despiste, la organización puede incluir a la empresa en el catálogo en línea, modificable casi hasta la inauguración del evento, pero no estará en el catálogo en papel que debe ser impreso con cierta antelación.

Por lo tanto, cuando se toma la decisión de participar en una feria, hay que inscribirse en ella rápidamente, porque llegar tarde puede suponer costos no recuperables.

Capítulo 5

La ubicación

La ubicación del estand puede determinar el éxito en la participación en una feria. En las ferias de un determinado tamaño, los visitantes no recorren por completo el recinto ferial, sino que transitan especialmente por los pasillos principales y los accesos a servicios como cafeterías, restaurantes, salas de conferencias, etc. De hecho, en algunos recintos feriales, el pasillo central puede llegar a tener más de un kilómetro de largo, por lo que se habilitan navetas o minibuses que hacen recorridos de manera continua. Por otro lado, algunos visitantes acuden específicamente a la ubicación de empresas clave, incluidas en el catálogo o a las que se conoce porque se ha recibido publicidad, convocatorias de reunión o invitaciones de ellas antes de la feria.

Para conseguir dar visibilidad a la empresa en una feria se pueden llevar a cabo determinadas líneas de actuación:

- Elegir una ubicación principal si es posible, es decir, posicionada en los pasillos que potencialmente serán más transitados.
- Situarse en un lugar que dé acceso a varios pasillos, si es posible con alguna esquina abierta, mejor que un solo

lateral abierto a un único pasillo, máxime si este no es principal.

- Publicitar y anunciar vivamente antes de la feria tanto la participación de la empresa como la ubicación de su estand.

Las ubicaciones se suelen definir con el nombre del pabellón, seguido del número de estand. Además, dentro de cada pabellón el estand se identifica con una letra y un número, que marcarán el pasillo y la posición en este. Por ejemplo, Hall 8, estand D12.

Antes de acudir a la feria como visitante, es imprescindible hacerse con la distribución de los pabellones y los estands en planta. De otro modo, se perderá tiempo en organizarse y moverse. Y cuando se participa como empresa expositora, habrá que estudiar a fondo para tomar la decisión correcta de contratación.

En general, no se cobra ningún extra por la ubicación, sino que la organización ferial la asigna por orden de inscripción. Es decir, la empresa que reserve antes puede elegir el espacio disponible que quiera. Para la organización ferial, es la mejor manera de fidelizar a los expositores, ya que permite a los que desean repetir su participación prereservar los espacios de una edición a otra.

Si una empresa ha conseguido una posición óptima para sus fines y desea conservarla para siguientes ediciones, tiene preferencia tanto si quiere conservar ese espacio como cambiarlo por otro. Es decir, el hecho de repetir la asistencia a una misma feria garantiza que se dispondrá de la ubicación obtenida en la última edición como mínimo, aunque siempre puede elegir nuevos espacios liberados potencialmente más interesantes para mejorar la visibilidad de la empresa.

Por ello, no es aconsejable dejar de acudir a una feria una vez se ha conseguido una buena ubicación a lo largo de varias ediciones, porque se perdería la reserva de plaza y la prioridad en la elección de la ubicación anterior.

A veces, la ubicación que se desea no está disponible y las que quedan no satisfacen los intereses de la empresa, por lo que incluso puede no resultar conveniente asistir a la convocatoria de ese año.

La ubicación tiene distintos enfoques según se pretenda conseguir visibilidad, buscar a la competencia o evitarla.

1   Visibilidad

La visibilidad puede proporcionarla el pasillo en el que se ubica el estand de la empresa, por encontrarse en el acceso a determinados servicios o en un eje de articulación de los flujos de visitantes, pero también puede darla la proximidad de ciertas empresas al estand.

Tener al lado a una empresa importante puede atraer más visitantes que estar ubicado en un pasillo principal ajeno a la actividad de la feria. Hay que tener en cuenta que un estand grande y dinámico de una empresa líder, con grandes inversiones en promoción, puede ofrecer espectáculos, puntos de encuentro y coloquios. No obstante, a veces, tener excesivo bullicio justo al lado puede resultar un inconveniente para otros fines.

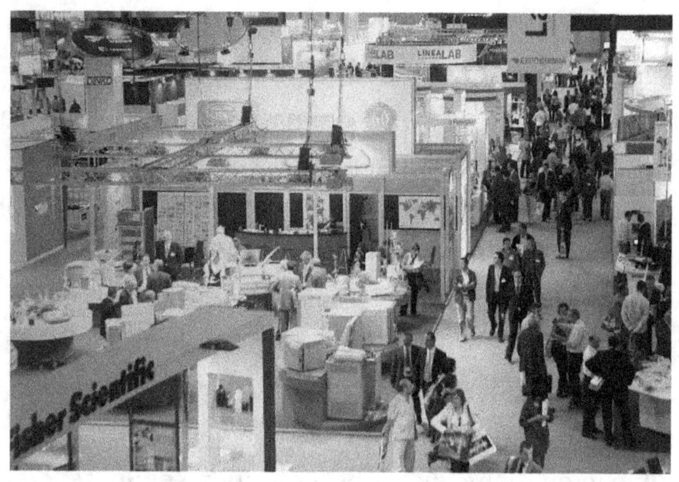

Figura 5.1. La situación del estand en pasillos centrales, la proximidad a ciertos servicios feriales o las empresas cercanas son elementos que determinan la visibilidad.

2   La competencia

En función de las circunstancias y los objetivos, puede ser bueno tener la competencia cerca o lejos. Depende de lo que se quiera ver de ella y lo que interese que ella vea del estand propio. En general, para una investigación de mercado o *benchmarking*, es bueno estar cerca. Permitirá analizar sus buenas prácticas, su saber hacer con clientes, qué perfiles se dirigen a su estand, cómo son sus formas, si cordiales y respetuosas o familiares e informales, por ejemplo. Además, cuando la competencia es fuerte y atrae mucho público, un porcentaje de este recalará en el estand propio, porque está interesado en el sector y en el producto.

A veces, la organización ferial crea zonas donde concentra empresas que comparten tipologías de servicios o productos, con el fin de unificar el recorrido de los visitantes y evitar que se dispersen buscando a proveedores por diversos pasillos y obviando a algunos de ellos.

Estar cerca de la competencia puede ser negativo cuando se necesita recibir las visitas con cierta discreción, hay que mantener cierta confidencialidad en los tratos a cerrar y las visitas no van a ser generalistas sino de perfiles concretos que no se desean mostrar a los ojos de quién podría entorpecer una venta. También puede ser más recomendable cierto recogimiento cuando se esperan visitas de mercados nuevos y se desea conseguir una primicia.

3 Participación agrupada

En participaciones agrupadas, se suele alquilar una isla o una ubicación preferente, cuyo espacio se reparte entre las empresas participantes. Hay que tener claro qué tipo de distribución se hará: por sorteo o preasignada, si se ubicarán empresas en posible competencia una a espaldas de la otra o no se tendrá en cuenta la actividad, e incluso si se puede hacer un reparto de costos en base a la selección de la ubicación. En base a las respuestas relacionadas con este tipo de cuestiones, se podrá decidir, junto con otros criterios, si interesa o no la participación grupal.

Capítulo 6

El presupuesto, la reserva y la contratación ferial

En el presupuesto global de participación en una feria tienen una gran incidencia una serie de costos directos:

- **Alquiler del espacio**

  Dependerá de los metros cuadrados que se contraten, así como del número de lados abiertos, es decir, de los lados del estand que sean accesibles desde los pasillos.

- **Alquiler o construcción del estand**
  - Contratación de estands modulares: pueden ser espacios sin decoración o estands básicos de aluminio y madera contrachapada que se cotizan por metro cuadrado y tipología.
  - Contratación de estands de alquiler de diseño específico: se contrata el diseño, construcción y decoración de un estand personalizado para una ubicación específica en una feria concreta. Al ser en régimen de alquiler, no podrá recuperarse ninguno de los materiales empleados.
  - Estand propio: estand corporativo, construido en régimen de propiedad, que generalmente se amortiza con la participación en varias ferias.

- **Contratación de publicidad en medios de comunicación**
  Se puede contratar publicidad tanto en el catálogo de la feria como en publicaciones y webs sectoriales, pero también en periódicos locales, radio o televisión.

- **Mobiliario básico**
  Si se contrata a la organización ferial el mobiliario básico del estand, este debe incluir, como mínimo:

  - Mesa para reuniones o atención de visitas.
  - Sillas o butacas.
  - Mostrador para recepción de visitantes.

Figura 6.1. El mobiliario básico puede incluir diversos tipos de elementos, como mesas, sillas para reuniones o mostradores, entre otros.

- Frigorífico.
- Colgador para ropa del equipo que atiende el estand y visitantes.
- Expositores o estanterías para catálogos u otros elementos impresos.
- Armario con llave.
- Podios para exposición de productos o elementos promocionales.

Las tarifas de estos elementos aparecen publicadas en la web de las empresas organizadoras. También se puede contratar el mobiliario necesario para la ocasión

Figura 6.2. Algunos de los elementos más importantes del mobiliario son las estanterías y los expositores.

a una empresa externa o contar con un mobiliario propio específico para ferias. En el caso de materiales propios, quedan normalmente amortizados cuando se emplean en un par de eventos.

- **Seguro de la feria**

  La contratación del espacio suele conllevar la contratación de un seguro de responsabilidad civil u otros, por los daños que pudieran realizarse a terceros.

- **Invitaciones y pases de expositor**

  Pueden estar incluidos en el precio del alquiler del espacio ferial. Cuando no lo están, se suele cobrar un precio por lote de invitaciones, habitualmente autodescargables de la web de la feria por la empresa

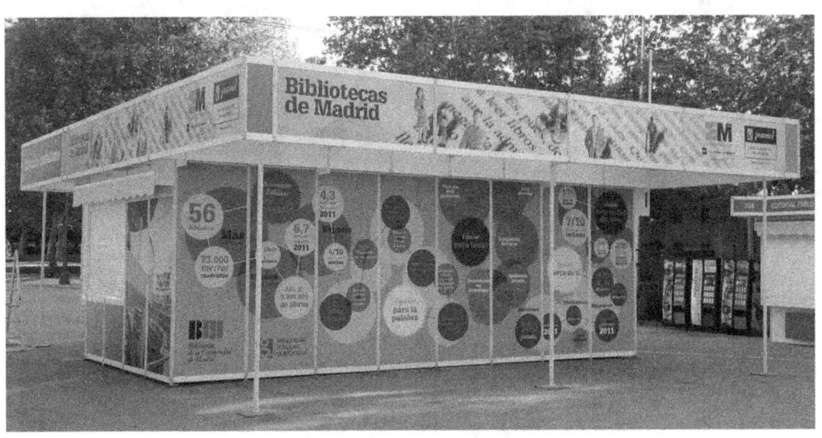

Figura 6.3. La decoración del estand puede consistir en elementos de rotulación y cartelería.

expositora. En general, no suele ser un costo significativo.

- **Inscripción y publicidad en el catálogo de la feria**
  Para figurar en el catálogo se requiere estar inscrito en la feria. Generalmente, la inscripción incluye el nombre de la empresa, sus datos de localización y su actividad. Este catálogo se vende habitualmente como publicación de la feria, y se suele obsequiar con un ejemplar por estand. Si a la empresa le interesa aparecer publicitado en el catálogo, el costo adicional estará en función del tamaño y la ubicación de la publicidad, como en cualquier otra publicación impresa.

Figura 6.4. La feria debe disponer de puntos de información para atender a las consultas de los visitantes.

- **Decoración y suministro de energía**
  Suele cobrarse una cuota por costos de moqueta, rotulación (si el estand es modular), electricidad e iluminación.

- **Otros elementos de promoción y servicios**
  Se corresponden con estar presente, además de en el catálogo oficial, en otras informaciones relacionadas con la feria, tales como el avance del listado de expositores, la guía gratuita del visitante, los planos y los puntos de información para localización de estands.

Adicionalmente a estos costos directos de participación, se deben considerar otros:

- **Gastos de estancia y desplazamiento del equipo profesional**
  - Desplazamientos a estaciones de salida (aeropuerto, estaciones, etc.).
  - Pasajes de avión, tren, kilometraje de vehículos privados, etc.
  - Estancia en hoteles.
  - Dietas u otros gastos de manutención.
  - Transportes públicos de ida y retorno al recinto ferial.
  - Seguro de accidentes que cubran enfermedad, hospitalización y traslados.

- **Otros gastos de participación**
  - Regalos y obsequios para invitados y asistentes.
  - Degustaciones.
  - Personal auxiliar del estand.
  - Elementos promocionales.

En su conjunto, en el cómputo global del presupuesto para la asistencia a una feria se debe incluir:

Costo de participación directa
+ Costo de desplazamiento del equipo profesional
+ Costo de otros gastos de participación
= Costo total de participación

En el caso de contar con alguna subvención, hay que aplicarla sobre los costos a los que está destinada y descontarla del presupuesto total.

Por otro lado, si la empresa participara conjuntamente a través de una asociación empresarial, por ejemplo, esta cobraría un costo por su gestión, que igualmente habría que considerar como un costo imputable a la participación.

Capítulo 7
El calendario

El calendario de actuaciones relacionadas con la asistencia a una feria puede prepararse a modo de listado práctico, con los hitos principales y las actuaciones asociadas. Un ejemplo de ello son los doce puntos de revisión que se muestran a continuación.

1   Después de decidir asistir a una feria

Una vez decidida la asistencia a una feria por las áreas correspondientes de la empresa, con la intervención generalmente de los departamentos comercial, de *marketing* y financiero, se debe determinar la persona responsable de la participación en feria, que se encargará de las siguientes gestiones:

- Solicitar información para la participación individual o agrupada.
- Pedir calendario oficial de la actividad.
- Recibir el calendario de pagos.

- Consultar a la organización ferial todas las posibles condiciones si la participación es individual, o a la institución o asociación sectorial que corresponda si la participación es agrupada.

2 Dentro del plazo límite de inscripción en la feria

El responsable de la participación se asegurará de que se realicen las siguientes gestiones con la organización ferial o con la institución o asociación sectorial:

- Cumplimentar todos los formularios y documentos para la correcta inscripción en la feria.
- Firmar el contrato de participación.
- Verificar el importe de la facturación y realizar los correspondientes pagos en plazo, coordinando con el departamento financiero
- Asistir a reuniones periódicas de avance de participación si las hubiera (en participaciones agrupadas, suelen planificarse para coordinar a los expositores).
- Preparar la documentación para la inscripción en el catálogo de la feria.
- Definir el material para exposición.
- Contratar las actividades adicionales, como pueda ser el instalador o decorador del estand, y hacer el seguimiento de las mismas.

- Definir provisionalmente las actividades de promoción comercial y el material promocional (catálogos corporativos y de productos, informaciones técnicas, hojas de solicitud de datos comerciales, obsequios, etc.).

3 Con más de seis meses de antelación

- Determinar el listado de los bultos que se deban transportar (con el material a exponer y el promocional).
- Verificar los tiempos de tránsito y la documentación necesaria para el país destino. Puede ser necesario contratar los servicios de una empresa transitaria si los materiales viajan a un país diferente del área económico-fiscal de la firma expositora.
- Estudiar y solicitar la cotización del transporte.
- Emitir la orden de fabricación de los materiales que se vayan a enviar a la feria con suficiente antelación.
- Verificar las necesidades reales de podios y expositores, según el material a exponer, así como de otros requerimientos funcionales que puedan surgir. A continuación hay que solicitar el número y tamaño de podios a la organización ferial.
- Preparar la logística para el desplazamiento del equipo profesional de la empresa. Es conveniente hacer reuniones periódicas de seguimiento con el equipo, así como las reservas de viajes y de hospedaje con suficiente antelación.

- Preparar la documentación técnica y verificar el envío de catálogos y otros elementos promocionales en los idiomas correspondientes, incluyendo tarjetas de visita y soportes administrativos.
- Iniciar la promoción del evento: preparar boletines, correos electrónicos a posibles visitantes, anuncios en web, etc.
- Adquirir obsequios: ver propuestas y presupuesto, y ejecutar las órdenes de compra.

4   Entre seis y tres meses de antelación

- Revisar las necesidades de decoración y determinar lo que se necesita contratar con la organización ferial, como ornamentación vegetal, acometidas para sistemas informáticos o audiovisuales, etc.

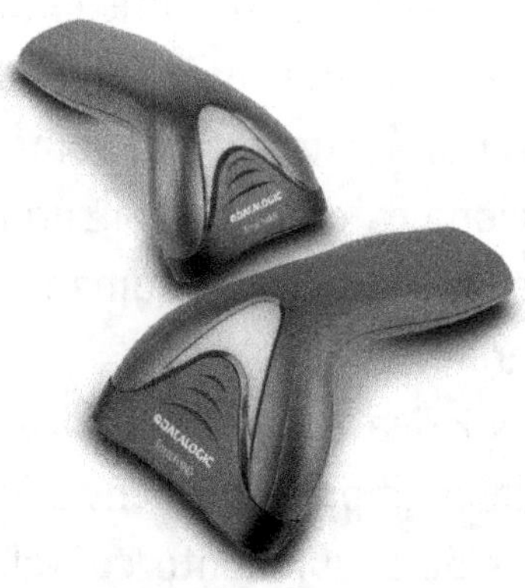

Figura 7.1. Es importante prever con la antelación suficiente los recursos electrónicos necesarios, como lectores de código de barras o datáfonos.

- Verificar los idiomas que ha de dominar el personal auxiliar y contratarlo.
- Decidir el número de invitaciones que se han de adquirir y enviarlas a las personas destinatarias.
- Consolidar la promoción del evento: boletines, correos electrónicos, anuncios en web, posible inserción de publicidad en medios, etc.
- Definir los recursos tecnológicos (lectores de códigos de barras, cobro con tarjeta, etc.) y los sistemas informáticos que deban dar soporte a la gestión comercial y logística en el estand, coordinando su preparación con el departamento técnico de la empresa.

5   Con dos meses de antelación

- Enviar a la organización ferial la lista de personas que se desplazarán al evento para conseguir los pases de montaje y los de expositor. También se deben gestionar las plazas de aparcamiento que se puedan necesitar, aunque en general se suele utilizar transporte público.
- Estudiar los expositores que participarán, con el fin de planificar visitas a otros estands en los momentos de menor afluencia (primera hora de la mañana o última de la jornada).
- Elaborar una agenda de visitas concertadas con clientes, proveedores y empresas asociadas o colaboradoras.
- Adquirir y preparar para envío material de degustación y obsequios.

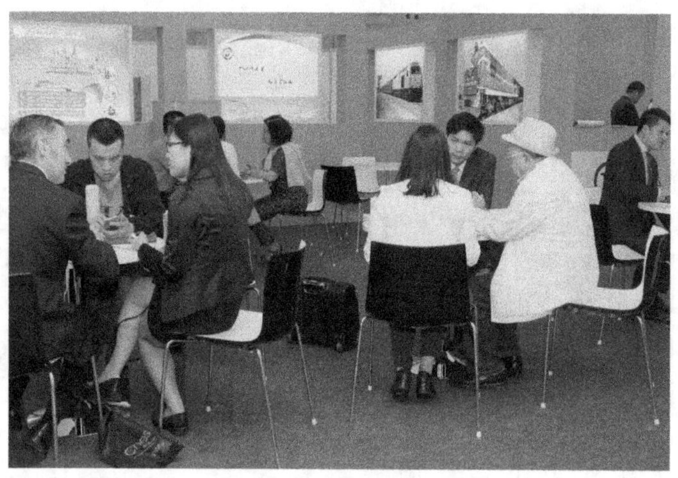

*Figura 7.2. Es importante elaborar la agenda de visitas
con suficiente antelación.*

- Contactar con la empresa transportista que se ha de contratar para los envíos.

6 Con un mes de antelación

- Verificar las reservas de pasajes y hoteles, y revisar sus fechas de pago.
- Reunirse con todo personal presente en feria para coordinarse e informar de todos los detalles (características del estand, pabellón, horario de la feria, punto de encuentro, estrategia comercial, etc.).
- Entregar los bonos de hotel y las tarjetas de embarque al equipo profesional.

- Entregar pases de montaje a las personas que han de desplazarse antes de la inauguración para visar el estand. Entregar pases de expositor al resto de las personas que acudirán al estand en representación de la empresa.
- Hacer un inventario de todos los materiales que estarán en el estand.
- Preparar un plan de medios:
- Artículos relacionales.
- Espacios de publicidad y notas de prensa.
- Información sobre las presentaciones de novedades.
- Publicación de las conferencias, actos o reuniones.

7   Con una semana de antelación

- Contactar telefónicamente con los clientes que no hayan notificado aún su visita a la feria, para confirmar su asistencia y la agenda prevista, verificando si es necesario reservarles el hotel o programar una invitación para un almuerzo o una cena.
- Preparar listas de precios actualizadas. Estudiar los últimos márgenes aplicables para ofrecer descuentos lo más atractivos posible.

8   El día de antes de la inauguración de la feria

- Revisar el montaje del estand para aprobarlo o dar indicaciones de última hora.

- Verificar el correcto posicionamiento de material en podios o expositores.
- Ubicar el mobiliario básico dentro del estand.
- Comprobar la iluminación y los sistemas informáticos.
- Solicitar la limpieza a la organización ferial, una vez se da por terminada la operativa de trabajo en el estand.
- Colocar carteles, cuadros, plantas, flores y otros elementos decorativos.
- Colocar el material promocional en estanterías o armarios.
- Introducir los productos de degustación en el frigorífico.
- Revisar el inventario de estand.
- Comunicar el número de teléfono del responsable de estand durante el evento a la organización ferial por si surgieran incidencias.
- Recoger el catálogo de la feria.

9   El día de la inauguración de la feria

- Comprobar que el estand ha quedado limpio y que todo está en perfecto estado: materiales sobre podios, cuadros en pie, carteles colgados, plantas y elementos decorativos en su sitio. Ubicar aquellos materiales que fueron guardados por seguridad.
- Colocar catálogos y material promocional en estanterías.
- Organizar una reunión del equipo profesional en el estand aproximadamente media hora antes de la inauguración de la feria.

Figura 7.3. El día de la inauguración de la feria tiene gran repercusión mediática y trascendencia.

- Inaugurar el estand. Hacer un informe fotográfico.
- Contactar con los medios de comunicación para difundir una nota de prensa.

10   Tras la clausura de la feria y el día después

- Recuperar el embalaje de retorno almacenado en las instalaciones de la feria, en la empresa transportista o en el propio estand.
- Reembalar los materiales y productos expuestos, los elementos de decoración y los soportes promocionales sobrantes.
- Supervisar la recogida de los bultos por la empresa transportista.

- Estar presente en el desmontaje del estand para dar conformidad al equipo propio o de la empresa instaladora, especialmente si hay que asegurar la correcta recuperación de los equipos o materiales enviados.

11 Una semana después de la feria

- Organizar una reunión de valoración del equipo profesional que ha asistido a la feria.
- Redactar un informe inicial de conclusiones de la feria, así como las recomendaciones para futuras ediciones.
- Hacer un informe de control del presupuesto.
- Enviar correos electrónicos de agradecimiento a clientes y visitantes en el estand.
- Enviar documentación solicitada en la feria.
- Enviar ofertas demandadas en la feria.

12 Un mes después de feria

- Redactar un informe detallado de las visitas recibidas y seguir su evolución y perspectivas.

Capítulo 8

El estand

Un estand es el espacio de un recinto ferial donde una empresa expone y presenta sus productos o servicios. Sus funciones fundamentales son:

- Representar la identidad corporativa de la empresa en la feria y suministrar información de su actividad.
- Ser una plataforma de exposición y demostración de los servicios o productos de la empresa.

Figura 8.1. El estand debe reflejar la identidad corporativa de la empresa.

- Ser un punto de encuentro comercial con empresas clientes, proveedoras, asociadas o agentes.

1 Tipología y diseño constructivo

Para valorar el tipo de estand a utilizar, conviene analizar las tipologías existentes y valorar en qué medida se adaptan a las necesidades de la participación en cada feria:

- **Estand propio**
  Se diseña y construye en régimen de propiedad con arreglo a los requerimientos que se decidan en un momento deter-

*Figura 8.2. Los estands de diseño se adaptan
a las necesidades de cada expositor.*

minado. Se puede amortizar cuando se participa en ferias consecutivas o en varias ediciones de la misma, aunque inicialmente puede suponer un desembolso importante. Adicionalmente al propio diseño del estand y el costo de los materiales constructivos, se deben prever otros costos asociados, como los de almacenaje, embalaje y desembalaje, mantenimiento, transporte, personal desplazado para el montaje y desmontaje, y seguros, entre otros.

- **Estand de alquiler de diseño exclusivo**
  Si se decide contratar los servicios de una empresa especializada en la construcción y alquiler de estands, el costo para una participación es generalmente inferior al

Figura 8.3. En cualquier tipo de estand se pueden habilitar expositores personalizados e incluso frigoríficos si los productos lo requieren.

de uno propio, pero todos los materiales serán de alquiler y no se conservará ningún elemento para posteriores eventos feriales.

En cualquier caso, la personalización del diseño del estand permite adaptarse a las necesidades de cada edición, tanto respecto al espacio ocupado como a los elementos promocionales y de exposición que se empleen.

- **Estand modular de alquiler**

  Un estand modular suele estar formado por una estructura de aluminio y paneles de madera (DM o contrachapado) o metacrilato. Es una solución versátil y adaptable a diferentes espacios. Puede ser de pequeño

Figura 8.4. Los estands modulares son versátiles, ligeros y resistentes.

Figura 8.5. Los estands modulares requieren de elementos promocionales que los personalicen.

o gran formato, de diferentes diseños, pero fundamentalmente se caracteriza por su ligereza, resistencia y reutilización. Es una alternativa económica y, sobre todo, de rápido montaje, pero también más impersonal, si bien permite a la empresa expositora introducir elementos que lo personalicen. Acostumbra a ser ofertado por la propia organización ferial. Es recomendable para introducirse en un mercado nuevo con una presencia sencilla y discreta.

En términos generales, la elección de uno u otro tipo de estand y del diseño constructivo dependerá de un conjunto de variables, entre ellas:

- **Presupuesto económico**
  - Disponibilidad de fondos propios.
  - Posibles subvenciones por asistencia a ferias internacionales.
  - Previsión de resultados derivados de la participación en la feria.

- **Imagen corporativa que se ha de transmitir**
  - Conveniencia de un diseño innovador, clásico, funcional, etc.
  - Materiales de alta resistencia, nobles, sintéticos, textiles, etc.

- **Espacio contratado**
  - Ubicación.
  - Superficie.
  - Número de lados abiertos.
  - Posibles columnas.

- **Contratación de servicios**
  - Teléfono.
  - Conexión a internet.
  - Electricidad.
  - Agua.

- **Criterios medioambientales y de reutilización**
  - Aplicación de criterios medioambientales en la utilización de los materiales constructivos del estand.

- Recuperación de los materiales, empleando paneles móviles y modulares.
- Utilización del estand para una única exposición.

- **Reglamentaciones de la organización ferial**
  - Superficies mínimas contratables y división de los espacios.
  - Altura de carteles.
  - Ancho de pasillos.
  - Alturas de puertas, acceso por transporte al ferial, posibilidad de carga y descarga.
  - Calidad de moquetas admitida y normativa sobre productos ignífugos.

- **Flujo previsto de visitantes**
  - Ubicación de los productos.
  - Circulación de visitantes por el estand, a modo de recorrido o con una sola entrada con recepción.
  - Áreas de recogida de información, con estantes, mesas altas, mostradores, etc.
  - Número de mesas para reuniones.

2 Áreas funcionales y mobiliario

Las áreas funcionales, junto con el presupuesto económico, son los dos factores que determinan la cantidad de espacio a contratar y el diseño constructivo del estand. Estas áreas funcionales se han de corresponder con las actividades que la empresa expositora prevea desarrollar y deben disponer de un mobiliario específico, también de acuerdo con el cometido asignado a ellas. Las más comunes son:

- **Área de recepción**
  - Puede estar formada por un simple mostrador o una mesita con catálogos. Es importante que no constituya una barrera para el libre acceso, sino más bien una invitación a aproximarse y entrar en el espacio de la empresa expositora.
  - Ha de estar próxima o encarada hacia el pasillo por donde accedan los visitantes, de cara al acceso prin-

Figura 8.6. Las zonas de estar y de descanso pueden disponer de mesitas auxiliares, sillones o sofás.

CÓMO PARTICIPAR EN FERIAS COMERCIALES

cipal en el caso de que el estand cuente con varios laterales abiertos.

- Puede dar acceso a zonas de estar y de descanso, en cuyo caso puede incluir sillones e incluso sofás.

- **Área comercial**
  - En la medida de lo posible, ha de constituir el espacio más significativo del estand, con todos los elementos que puedan facilitar la acogida y atención de visitantes.
  - Puede ser más o menos reservada, en función de la visibilidad que se le quiera dar a las visitas, empleando paneles separadores o biombos, e incluso habilitando una habitación específica.
  - En el caso de que el equipo comercial este formado por varias personas y de que deban mantener encuentros individuales simultáneos, hay que prever un área para venta o reuniones de alrededor de 5 m², con una mesa de reunión y tres o cuatro sillas, para cada uno.
  - Otra opción es un único punto informativo y de atención comercial, sin sillas, para todo el equipo.
  - En el caso de estands modulares, puede disponerse un punto de venta con un pequeño mostrador.

- **Área de exposición de productos o servicios**
  - Ha de ser un espacio adecuado a las expectativas y los resultados que se pretenden conseguir.

- Debe estar ordenada de manera que ofrezca la máxima visibilidad para los productos y servicios que se van a exponer
- Los productos han de estar identificados con descripciones, características técnicas, precios, etc.
- Debe diferenciarse respecto a la competencia: muestra de ventajas, utilizaciones, etc.

- **Área de demostración**
  - Será un espacio dedicado a la demostración de productos por parte del equipo profesional.
  - Ha de tener amplitud suficiente para poder operar con holgura.

*Figura 8.7. En las áreas de demostración se exponen
las novedades y se muestra su funcionamiento.*

– Debe valorarse la utilización de podios o expositores elevados o especiales.

• Área de conferencias

– Incluirá una mesa de conferencias y sillas para los asistentes, un podio para la persona ponente, con un atril, y elementos para proyecciones audiovisuales, como proyector, pantalla, equipo de sonido, micrófono, etc.

– Se debe prever dónde se ubica el proyector y de dónde procederá el sonido, y reservar un espacio adecuado para ponentes y fila cero.

Figura 8.8. El recinto ferial puede disponer de áreas
determinadas para realizar conferencias.

- **Área de encuentros**

  Si en el estand se prevé algún evento con una concentración significativa de visitantes, debe haber espacio
  libre, sin mobiliario, para dar acogida a las personas de
  pie. Si el evento conlleva algún coctel, es recomendable
  disponer de una barra de bar y de mesas de apoyo donde
  colocar la comida o la bebida.

3 Elementos corporativos

En todas las áreas funcionales se debe tener en cuenta la utilización de elementos visuales que refuercen la imagen corporativa de la empresa expositora:

- Se empleará la gama cromática corporativa. Se debe
  indicar al equipo de diseño y construcción del estand
  los códigos normalizados que la empresa tenga como
  distintivos.
- Se estudiará cómo utilizar también otros tonos (fríos
  o cálidos), si se quiere fomentar la luminosidad o la
  sobriedad, por ejemplo.
- En los estands propios o de diseño exclusivo, es posible seleccionar el tipo y el color de la moqueta, e
  incluso incorporar elementos corporativos que la
  identifiquen, como logotipos, iconos de productos o
  marcas, etc.

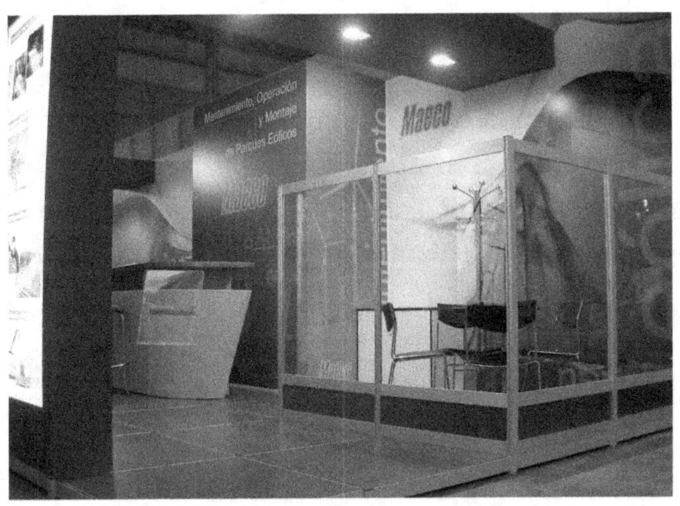

*Figuras 8.9. El diseño del estand debe reforzar
la imagen corporativa de la empresa.*

4 Podios, soportes o estanterías

Sirven principalmente para exponer los productos. Se ha de definir con suficiente antelación el tipo y el número de unidades necesarias, ya sea para contratarlas o para fabricarlas en fases tempranas de la preparación de la participación en la feria.

El tamaño y color de los podios ayuda a focalizar la vista del visitante en una u otra dirección, y a realzar unos productos sobre otros. Es importante que los podios tengan plena visibilidad en el área disponible para exposición de productos, sin solaparse unos con otros. También son plataformas donde se pueden adherir carteles o documentación de los productos.

Los podios establecen el espacio en planta que el material de exposición va a necesitar, por lo que influyen en la determinación de la distribución de las áreas funcionales del estand. Se pueden contratar a la organización ferial, pero es conveniente hacer el pedido con antelación suficiente porque puede haber mucha demanda en el último momento.

5   Contratación de servicios al recinto ferial

Los principales servicios que se contratan a la organización ferial son:

- Estand modular.
- Conexión a internet.
- Tomas de red.
- Mobiliario.
- Moqueta.
- Frigorífico.
- Floristería.

Es muy común que alguno de los elementos o servicios contratados no reúna las condiciones previstas. Por eso, es necesario revisar cada uno de ellos al acceder al estand, por ejemplo:

- El estand modular debe tener la disposición y las dimensiones previstas. Si cuenta con un espacio dedicado a almacén, este debe estar situado donde se haya

previsto y disponer de cerradura con la llave correspondiente.

- La iluminación debe ser suficiente y con todos los dispositivos y lámparas en funcionamiento. Es conveniente
que no sea excesiva y que no desprenda excesivo calor.
- La tensión disponible no puede exceder de la potencia
máxima permitida para evitar sobrecargas.
- La conexión a internet tiene que funcionar a una veloci-
dad adecuada.
- La moqueta, además de ser resistente al agua y al fuego,
ha de tener cierta firmeza y densidad.
- Los armarios deben disponer de cerraduras con sus correspondientes llaves.

6 Elementos audiovisuales y cartelería

La principal función de la cartelería es contribuir al reconocimiento del estand y la promoción de la empresa expositora.
Esto se consigue con:

- Pantallas para la proyección de audiovisuales corpora-
tivos.
- Carteles y fotografías de instalaciones y productos.
- Logotipos corporativos.
- Pinturas y otros elementos corporativos.

Los elementos audiovisuales sirven para crear una sensa-
ción de acogida y para presentar a la empresa. También son

un apoyo para la comercialización, la promoción y la demostración, y pueden utilizarse como una herramienta divulgativa en conferencias y talleres.

7   Materiales de apoyo

Algunos elementos de uso cotidiano, habituales en cualquier oficina o lugar de trabajo, pueden ser imprescindibles durante la feria y en los momentos anteriores y posteriores, cuando hay que desembalar o reembalar materiales, poner las cosas en su sitio o dejar todo preparado para una jornada de trabajo. Entre estos conviene tener presente los siguientes:

MATERIAL DE OFICINA	MATERIAL DE BRICOLAJE	MATERIAL DE LIMPIEZA
– Papel en formatos normalizados – Sobres de correspondencia en diversos formatos – Carpetas – Bolígrafos y rotuladores – Etiquetas autoadhesivas – Grapadora – Tijeras	– Precinto – Cinta adhesiva de doble cara – Herramienta de corte – Destornillador – Martillo – Alicate – Alargadores de cable eléctrico – Basé múltiple para conexiones eléctricas	– Agua – Jabón líquido – Líquido limpieza multiusos – Paños de limpieza – Bobina de film protector

Si se va a efectuar venta directa durante el trascurso de la feria, será necesario contar en el estand con los medios tecnológicos que habiliten el cobro con tarjeta y la facturación. Pueden ser útiles los lectores de códigos de barras (para conocer el precio e inventariar la venta), los terminales bancarios (para el cobro) y un ordenador portátil (para facturar). Si se anunciaron promociones especiales válidas durante el trascurso de la feria, será importante poder aplicar descuentos. En cualquier caso, siempre hay métodos más manuales alternativos, como registrar y anotar las ventas en un cuaderno, aportar listas de precios, cobrar en metálico y proporcionar solo *ticket* de caja, con envío posterior de factura.

Capítulo 9
Búsqueda de apoyos económicos

La participación en una feria puede comportar unos costos relativamente importantes, como se ha visto en la composición del presupuesto. Además, no son costos asociados a ventas, que puedan recuperarse en un plazo determinado, sino inversiones en *marketing* que, además, suelen abonarse antes de la propia feria.

Por ello, es conveniente conocer las posibles subvenciones existentes, si se organizan pabellones conjuntos o si se puede compartir estand y costos con alguna otra empresa.

1 Organismos públicos de apoyo a la exportación

En general, las instituciones y organismos públicos de apoyo al comercio exterior suelen disponer de partidas para apoyar a las empresas, dado que la participación de estas en ferias es una actividad que tiende a equilibrar la balanza comercial de los países.

Las subvenciones por participar en ferias internacionales pueden representar entre el 25 y el 50 % de los costos directos de participación y consistir en un porcentaje sobre los costos totales, o bien en la cobertura de unos costos determinados, como los desplazamientos fuera del país, el alojamiento o el valor del estand, por ejemplo. Normalmente, se deben seguir unos trámites administrativos para solicitarlas.

Las subvenciones pueden otorgarse con antelación a la participación, pero es más habitual que se concedan con posterioridad, en función del número de solicitantes y la tesorería de la institución otorgante.

Algunos países conceden ayudas a la participación de empresas extranjeras, facilitando los trámites aduaneros, el estand ferial gratuito e, incluso, el alojamiento de las delegaciones.

2   Asociaciones empresariales

Existen asociaciones sectoriales que organizan la asistencia conjunta a ferias de interés común para sus empresas asociadas. A veces, estas entidades se apoyan en organismos oficiales para preparar la participación. Otras veces es el propio organismo público el que la organiza y las empresas se inscriben en ella, bien de manera individual o a través de la misma asociación.

La participación conjunta ayuda a crear marca, aunar fuerzas y reunir empresas con puntos en común, capaces de generar sinergias y de atraer visitantes. Para las pymes, la participación en una feria a través de un estand agrupado ofrece la ventaja de conseguir una presencia con una visibilidad mayor que si se acudiera de manera individual. Por otro lado, los actos públicos que se programan consiguen un mayor impacto y acostumbran a atraer un mayor número de visitantes. Además, reparten los costos de determinados elementos o procesos, como por ejemplo:

- El diseño original de un gran estand o pabellón agrupado que permita albergar en su interior áreas diferenciadas o microestands individuales, siempre de forma armónica.
- El envío conjunto de todos los materiales en una unidad de transporte completa (camión o contenedor) y no en grupajes individuales.
- La organización de un solo equipo supervisor en lugar de múltiples personas.

También se delega a la asociación el contacto directo con la organización ferial, para obtener información respecto a la participación en la feria, con los pasos a dar y los calendarios fijados, en reuniones periódicas de seguimiento. Es conveniente asistir a estos encuentros si no se tiene mucha experiencia en la asistencia a ferias.

La asociación puede conseguir subvenciones oficiales más fácilmente que las empresas de manera individual, ya que dispone de experiencia y de personal especializado en este tipo de gestiones.

Un caso diferente de participación conjunta es compartir un único estand con otra empresa, bien porque se participe en una misma cadena de suministro, porque sea una empresa asociada o porque sus productos se complementen con los propios. En este caso, el costo de la participación directa es el presupuesto inicial dividido entre las empresas que compartirán el estand. Constituye una buena solución si dan una serie de condiciones:

- Existe una necesidad económica, bien por falta de recursos o porque la prospección del mercado no plantea la necesidad de una mayor inversión por el momento.
- La relación con la otra empresa es óptima.
- La convivencia se prevé positiva para la relación.
- Ambas empresas juntas ofrecen un atractivo adicional para el visitante.
- Hay contactos comunes que se benefician de la unificación.
- Se dispone de un área específica de recepción o atención comercial para cada empresa (por ejemplo, dos mesas, con ocho sillas a compartir).
- Las formas, los protocolos y el tratamiento dado al visitante están en sintonía.

Capítulo 10
Tácticas para el evento

1   Selección de productos a exponer

Dependerá de las ventajas competitivas que se deseen mostrar, es decir, las fortalezas de la empresa, así como de los últimos avances sobre los que se quiera informar o los nuevos productos que se oferten al mercado. Una de las principales ventajas de las ferias es la posibilidad de presentar y reci-

Figura 10.1. Es importante hacer una buena selección de los productos que se exponen, dando prioridad a las novedades y a los últimos avances.

bir unas primeras opiniones sobre las novedades y los últimos productos desarrollados, incluso de los prototipos. Se ha de tener en cuenta también lo que el visitante espera encontrar.

2   Selección del equipo profesional

Es una decisión que depende del volumen de la empresa y de las expectativas generadas por la participación. Lo idóneo es que acuda, como mínimo, una persona como responsable del estand con el apoyo de un equipo comercial suficientemente numeroso para atender adecuadamente a las visitas esperadas.

Se recomienda que las empresas de un cierto volumen que participen en ferias internacionales envíen al director del área internacional, porque será su cara visible en futuras relaciones comerciales. La asistencia de la dirección de la empresa y otras personas clave es siempre muy valorada. No hace falta que estén de manera continuada en el estand, pero sí que lo visiten y tengan su propia agenda.

Es conveniente que el personal del estand tenga nociones de negociación intercultural, que le ayuden a adaptarse a la cultura en la que va a negociar, a sus hábitos, sus tiempos, etc. En este sentido, puede ser interesante que las tarjetas de visita sean bilingües, para facilitar la comprensión del cargo de cada persona en la compañía. Muchas culturas emplean grafismos que resultan incomprensibles para otras.

3   Selección de la documentación a aportar

Es necesario disponer de catálogos promocionales en soporte impreso, para su distribución generalizada, y catálogos técnicos, con información más completa sobre las gamas de productos, generalmente para entregar a perfiles profesionales determinados. Esta documentación ha de poder presentarse igualmente en soporte digital a través de los dispositivos informáticos disponibles en el estand. Adicionalmente, es conveniente tener en soporte digital e impreso:

- Información de las normativas que se cumplen.
- Copia de certificados y homologaciones.
- Listas de precios para cotizar de manera aproximada si surge la ocasión.
- El catálogo corporativo o *portfolio*.
- Hojas de solicitud de datos comerciales actualizadas para los nuevos contactos, con las que generar un fichero de clientes potenciales, para posteriormente hacer el tratamiento comercial adecuado.

4   Acciones promocionales y publicitarias previas

Se puede desarrollar diferentes acciones promocionales, entre ellas:

- Patrocinar eventos en el marco de la feria.

- Figurar de manera destacada en el catálogo ferial.
- Aportar ponentes a conferencias organizadas por la entidad ferial o asociaciones sectoriales.
- Organizar conferencias y presentaciones en el estand propio.
- Figurar en publicaciones, impresas o digitales.

Es necesario insertar una nota en el calendario de eventos de la web de la empresa, incluir la presencia en feria a la firma del correo electrónico y enviar correos electrónicos a todos los contactos de las bases de datos de la empresa, así como invitaciones a los que sean de interés comercial.

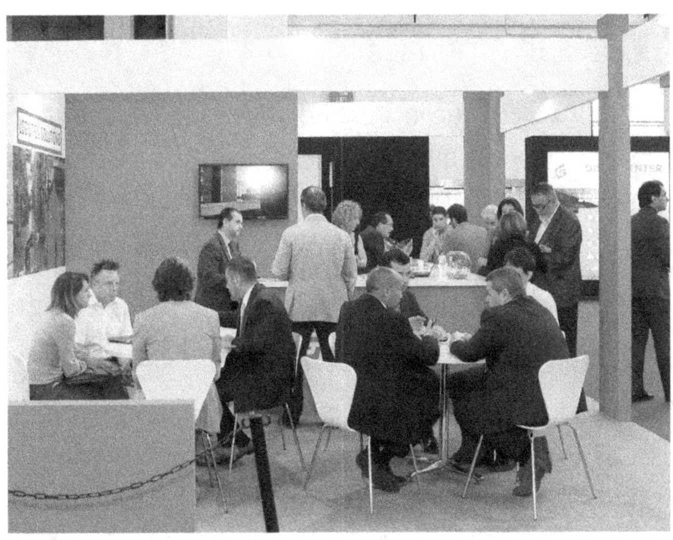

Figura 10.2. Hay que planificar las entrevistas y visitas para optimizar el tiempo disponible.

A la feria hay que acudir con una agenda lo más completa posible y con las visitas confirmadas antes de la misma. Esto permitirá optimizar la gestión del tiempo y del personal asignado.

Hay que llevar preparado un dossier completo para cada cliente citado o esperado, y reservarle algún obsequio personalizado, para mostrarle el interés especial que siente la empresa hacia él. Es recomendable extraer un resumen

Caso práctico

¿Cuántos contactos se deben atender en una feria?

En una feria abierta ocho horas diarias (dos de las cuales no suelen ser efectivas), que dura cinco días, dos personas en un estand podrían atender unas 180 visitas en reuniones de veinte minutos:

6 visitas/hora (tres por persona) × 6 horas × 5 días = 180 visitas atendidas.

Utilizar el 80 % del tiempo, un objetivo ambicioso, supondría 144 visitas atendidas con una ficha comercial cumplimentada. Pero esta cifra casi presupone que el único objetivo de los asistentes del estand es recibir visitas. No visitarán la feria, ni participarán en otros actos públicos o privados. Además, no todas las de dichas reuniones, que incluya tanto la satisfacción del cliente (por servicio, calidad del servicio o la atención comercial, por ejemplo) como la insatisfacción (por alguna disconformidad, incidencia, el nivel de precios, etc.), así como su percepción del sector, para obtener un pulso general del mercado desde el punto de vista de la cartera de clientes.

Es importante desarrollar distintos tipos de reuniones que favorezcan una interrelación global con posibles socios comerciales: clientes, proveedores, empresas asociadas y

visitas serán clientes potenciales, también recibirán clientes actuales o proveedores. Parece preferible recibir menos contactos, pero conseguir otros beneficios derivados de la concentración sectorial que significa una feria.

Por otro lado, veinte minutos es un tiempo estándar para un contacto nuevo. Pero, ¿y si está realmente interesado en negociar? Hará falta una hora como mínimo. ¿Y a un cliente fiel que nos visita a propósito en la feria? ¿Solo le vamos a conceder veinte minutos? Un cliente fiel puede llegar a considerar nuestro estand como su propia plataforma para visitar la feria y depositar su maleta o pertenencias en el almacén para iniciar cómodamente una visita. Incluso puede llegar a disponer de las mesas para reunirse con sus posibles contactos y utilizar el estand como su punto de encuentro con otras personas.

otros contactos con los que establecer sinergias y colaborar para trabajar en determinados mercados. La búsqueda de agentes y distribuidores suele ser también uno de los objetivos importantes. Si además se ha acudido a la feria con un estand agrupado, se pueden establecer reuniones con otros participantes del sector o de la marca nacional para afianzar la vinculación con la asociación sectorial.

Las reuniones también pueden ayudar a conseguir información relevante de la competencia: gamas de productos o servicios, ventajas competitivas, novedades e innovaciones, precios y promociones (descuentos habituales y máximos que alcanzan sobre el precio de tarifa), condiciones de venta (términos de pago habituales), garantías, formas de entrega y red de distribución, servicio postventa, red de mantenimiento, empresas asociadas o aliadas, etc. Toda esta información se podrá obtener no solo observando el estand de la competencia y su equipo comercial, sino también a través de las reuniones que se concierten con los contactos que acudan al estand propio tras visitar a la competencia.

6 Organización de reuniones según agenda

Para rentabilizar el tiempo del equipo comercial que cubra las entrevistas con visitantes, es muy conveniente planificarlas en la medida de lo posible con una agenda en la que consten las personas que van a visitar el estand. Sin embargo, muchos visitantes se niegan a confirmar hasta el último momento su asistencia a la feria, y mucho menos a garantizar a qué hora pasarán por un estand concreto.

En cualquier caso, aunque cubra solo un pequeño porcentaje de las visitas esperadas, la agenda es de vital ayuda porque:

- Ofrece una imagen de seriedad, organización y profesionalidad.
- Permite disponer de una herramienta de planificación para equilibrar las visitas confirmadas.
- Permite prever los recursos más adecuados para cada visita concreta en una hora determinada. Por ejemplo, quizá interese que, además del director comercial, acuda otro directivo a la reunión con un cliente determinado.
- Permite concertar las citas con determinados visitantes en las horas de mayor actividad para que vean una alta afluencia de clientes. Cuando la actividad es muy alta se puede generar un potencial de ventas elevado. Por el contrario, puede resultar mejor concertar la reunión con otros clientes en un momento de mayor tranquilidad, para poder atenderlos sin prisa y dedicándoles atención sin una aglomeración de personas alrededor.

Capítulo 11

Plan logístico de materiales

1   Transporte de ida y retorno

El transporte consiste en el porte de todos los elementos y materiales que han de emplearse en la feria, en trayecto de ida y vuelta de origen a destino. Debe preverse la posibilidad de almacenarlos en el propio recinto ferial y de recogerlos y trasladarlos desde el almacén ferial al estand y el retorno.

Cuando se solicite cotización de transporte, se debe planificar un volumen de acuerdo con el palé, cajas, jaula de madera o cajón, y otros sistemas en los que se transportará el material.

La compañía de transporte ha de ser la responsable de la entrega y la recogida en el punto exacto de la feria que se le indique, sea la ubicación del estand o los almacenes de la instalación ferial.

2   Seguro

Es necesario contar con un seguro de transporte a todo riesgo para el caso de que la mercancía sufra algún daño . En las ferias que se celebren en el extranjero, el seguro se basa generalmente en el 110 % del precio CIF de la mercancía (incluye el costo de transporte desde el punto de origen hasta el puerto de destino más el seguro), con lo que se cubre la reposición y el margen comercial.

El seguro no cubre nunca que la reposición del material dañado llegue a tiempo de ubicarse en el estand antes del inicio de la feria, por lo que siempre hay que tener un plan alternativo o asegurarse de que el transporte se realice con tiempo suficiente y de que el material llegue en correcto estado.

3   Embalaje

El embalaje ha de cumplir las funciones de proteger los materiales durante el transporte y almacenamiento, y facilitar su manipulación como unidad de carga mediante elementos mecánicos (carretillas, transpaletas, etc.) hasta que se encuentren ubicados en el interior del recinto ferial.

Por ello es necesario conocer con detalle las características de los materiales o productos que se van a transportar, asegurarse de que van a quedar sujetos para impedir cualquier desplazamiento y utilizar los embalajes que mejor faciliten la entrada y la salida de las instalaciones de la feria. Existen diversas opciones, como la caja de cartón, el contenedor de plástico o la jaula de madera.

Una vez que los bultos se ubican en el estand, se procede a desembalarlos, con los medios o utensilios que se hayan previsto, y a continuación se posicionan según el plano de distribución que la persona responsable de estand disponga.

Por las características de los recintos feriales y los estands, es importante que los embalajes, una vez vaciados, puedan plegarse para ocupar poco espacio de almacenaje y guardarse, si es posible, en el propio almacén del estand. Debe preverse qué embalajes no tendrán cabida en dicho almacén para que la compañía de transporte los deposite en los almacenes de la instalación ferial o en otro destino. El embalaje sobrante será recogido por los equipos de limpieza de la organización ferial que se hayan contratado.

4   Montaje y desmontaje del estand

La organización ferial indica con suficiente antelación los días hábiles para el montaje del estand. Este aspecto es muy importante cuando se trata de estands propios o de alquiler con un diseño exclusivo. En ambos casos, el equipo de montaje estará a la espera de la visita del responsable de la empresa expositora para recibir su conformidad o proceder a las modificaciones de última hora que se estimen necesarias. Con la entrega del estand, ha de asegurarse la asistencia técnica suficiente durante los días de feria, por si hubiera cualquier incidencia o desperfecto que solventar.

Es conveniente que la persona responsable de estand acuda al menos el día anterior al inicio de la feria para verificar el estado del mismo, aunque se recomienda monitorizarlo en los días previos para asegurarse de que el avance es el correcto, según la planificación prevista.

Al clausurarse la feria, la primera tarea es reembalar los materiales que deban transportarse, reutilizando los embalajes almacenados, y preparar el envío de acuerdo con las previsiones que se hayan establecido con la empresa de transporte.

El responsable del estand se asegurará de que se cuenta con los utensilios necesarios para reembalar los materiales y productos (cinta adhesiva, bridas, flejes, cantoneras. elementos de corte, etc.). De esta manera, el material expuesto quedará protegido, fuera del alcance de personas ajenas a la empresa expositora y a la espera de la llegada de vehículo de transporte. El equipo de montaje, propio o de la empresa montadora, procederá a desmontar el estand según se haya programado.

5   Distribución en planta de mobiliario y materiales en el estand

Previo al montaje del estand, es recomendable contar con un plano de distribución del mobiliario, los podios y los elementos auxiliares junto con los materiales a exponer. De esta manera, el equipo instalador podrá conocer con precisión la función de las tomas de corriente, los elementos estructurales, la localización del almacén, etc., así como la ubicación de los materiales descargados por la empresa transportista en el lugar que se haya indicado.

Capítulo 12

Plan logístico para las personas

1 Organización de la estancia del equipo asistente

Como se especificó en el calendario de acciones a realizar, es conveniente preparar la logística relativa al desplazamiento del personal de la empresa con algo más de seis meses de anterioridad a la celebración de la feria.

En primer lugar, habrá que comunicar a los interesados que han sido seleccionados para desplazarse a la feria y confirmar su disponibilidad para proceder posteriormente a las reservas pasajes y de hotel. Se tendrán que reservar los pasajes para vuelos o los billetes de trenes con el tiempo suficiente para la actividad que vaya a realizar cada cual.

2 Selección del hotel

A pesar de que el factor precio pueda ser importante, sobre todo si el presupuesto es ajustado y el número de asistentes es elevado, conviene hacer la selección considerando otros factores. El hotel ha de facilitar la estancia y el descanso necesarios para afrontar la jornada de trabajo en las mejores condiciones posibles. Hay que tener presente que la imagen y la actitud de las personas ante el público pueden ser determinantes para el éxito comercial:

- Usabilidad. Es decir, que el establecimiento cumpla con todos los requisitos de servicios necesarios, tales como conexión a internet, amplio horario de restaurante o instalaciones cómodas, entre otras.
- Cercanía o conexión con un transporte público directo para llegar al recinto ferial a la hora requerida. Es importante conocer el tiempo de tránsito hacia el recinto ferial para prever a qué hora se debe partir del hotel. Conviene que el personal no llegue algo cansado debido a un tránsito largo o a complicadas conexiones o largos paseos caminando. Se debe arribar a la feria con el mejor aspecto físico posible y con el ánimo y la fortaleza necesarios para afrontar una larga jornada de trabajo.
- Ubicación cercana al centro urbano de forma que se puedan realizar actividades posteriores al cierre de la muestra. Una feria puede durar una semana completa y es bueno que el equipo tenga un tiempo de asueto al acabar la jornada para desconectar del trabajo. Cenar en el hotel es una buena solución en pernoctaciones de un día, pero no en las más largas. Por ello, siempre es positivo dar al personal desplazado la oportunidad de cenar en los alrededores del hotel, tomar un refresco o acudir a un centro de ocio o de compras.

- Imagen a transmitir. El hotel en el que la empresa ubica a su equipo constituye una muestra de su capacidad de inversión en el evento y el trato que da a sus profesionales. Cuando se emplean distintos hoteles para la misma empresa, se está marcando el estatus de los distintos niveles profesionales existentes en ella.

- Coincidencia física con otras delegaciones, clientes, competencia, etc. En ocasiones, interesa agrupar en un mismo hotel a un conjunto de delegaciones o a las empresas de un sector amparadas por una asociación que ha organizado la participación. También puede interesar invitar a clientes. Otras veces puede ser preferible evitar a la competencia. Para estos casos, sería necesario reservar con algo más de antelación, porque resulta complicado encontrar más disponibilidad de alojamiento cuando el grupo es muy numeroso. Además, se podrían necesitar salas de reunión o servicios adicionales que no todos los hoteles pueden proporcionar. Para encontrar tarifas adecuadas basta con reservar el hotel con una antelación de seis meses, pero para grandes delegaciones se puede necesitar algo más de anticipación.

3 Logística hasta y desde el recinto ferial

Se ha de planificar desde donde se accederá al recinto ferial, si el personal acudirá directamente desde el aeropuerto o estación de tren o si, por el contrario, lo hará desde el hotel. Lo mismo vale para el retorno. En uno u otro caso, el modo de traslado será diferente. Se puede realizar en transporte público, pero también es posible que se cuente con vehículo privado (propio o alquilado), en cuyo caso es posible que haya que reservar una plaza de estacionamiento en el recinto ferial.

Si se toma el metropolitano, el autobús o el tren de cercanías, los asistentes han de contar con información suficiente sobre las líneas de transporte público, la localización de las estaciones, los horarios, las frecuencias, el modo de adquirir los *tickets* y sus modalidades para elegir en cada caso la que más interese.

Si se toma taxi, es recomendable verificar que el tránsito es continuo y hay una disponibilidad suficiente. En otro caso, es mejor reservarlo para una hora específica que garantice la llegada a tiempo a la feria, contando con el tráfico habitual y la hora.

Para delegaciones numerosas, se pueden contratar minibuses o conjuntos de taxis que faciliten el traslado. En ese caso, se deberá haber planificado los horarios y lugares de encuentro, atendiendo a los accesos permitidos para vehículos externos en el recinto ferial o sus proximidades.

Para el retorno es importante tener en cuenta hasta qué hora están operativas las líneas de transporte público o a partir de qué hora su frecuencia es escasa y es más recomendable tomar un taxi. Si no se ha concertado previamente un taxi de retorno, se recomienda conocer la localización de las paradas de taxi.

Cuando se ha de retornar directamente al aeropuerto desde el recinto ferial y se lleva maleta, puede ser obligado tomar un taxi, especialmente si hay que apurar hasta última hora la actividad en la feria.

Capítulo 13

Plan organizativo del estand

1 Vestimenta del equipo

Se debe acordar con suficiente antelación qué tipo de vestimenta se va a llevar: ropa corporativa (polos, camisas con el logotipo o colores corporativos, etc.), traje con un estilo determinado u otras prendas casuales a gusto de cada persona. En general, el traje todavía es un distintivo para reuniones de negocios, pero sería recomendable prescindir de él si en el sector impera cierta informalidad en la vestimenta.

2 Contratación de personal auxiliar, traductores u otras necesidades

El personal auxiliar de ferias y congresos cumple labores de recepción y de atención en los puntos de información existentes en el área de acogida del estand, donde generalmente se atiende en varios idiomas. También suele colaborar en la gestión de los servicios de comidas o aperitivos, la organización de la entrada y salida a las mesas de reunión, la entrega obsequios o la realización de determinados eventos, como conferencias y presentaciones. Las funciones más habituales del personal auxiliar para ferias y eventos acostumbran a ser las de:

- Azafata.
- Asistente personal.
- Animación del punto de venta.

A pesar de que tradicionalmente estas funciones han sido desempeñadas por mujeres, cada vez más es habitual encontrar perfiles para cualquier género.

Existen otras funciones auxiliares que pueden ser cubiertas con profesionales contratados para la ocasión, como:

- Traducción o intérprete.
- Fotografía.
- Guía de turismo.
- Chófer.
- Asistente de compras.
- Escolta.
- Control de accesos.

El servicio de traducción o intérprete puede ser contratado para un único estand o compartirse, sobre todo cuando se trata de una participación ferial agrupada.

3 Catálogos promocionales y su ubicación

Es importante valorar el costo de la información de libre recogida para evitar despilfarros innecesarios. Conviene disponer de una cantidad suficiente de catálogos sencillos con una información básica sobre la empresa y sus productos, que permita una difusión masiva sin que suponga un gran costo para la empresa. Este material promocional se puede situar cerca del pasillo principal, para facilitar su recogida por aquellas personas que no se atreven a preguntar a puerta fría sin conocer la actividad específica de la empresa expositora. Por otro lado, los catálogos de reducidas dimensiones ofrecen la ventaja de que no sobrecargan a posibles contactos interesados, que de esta manera no

Figura 13.1. Colocar los catálogos promocionales en expositores facilita que los visitantes tengan acceso a ellos.

temen introducirlos en su bolsa, porque su tamaño y peso son los adecuados.

Con ello se evita que algunas personas tomen como elemento promocional lo que en realidad es un catálogo técnico. Los catálogos técnicos acostumbran a tener un alto valor económico, pero no presentan un interés general y están destinados al uso específico de los técnicos.

Es conveniente no confundir el número de catálogos que desaparecen de las estanterías u expositores de acceso libre con el número de clientes potenciales al que se ha accedido. En las ferias hay una fiebre generalizada de recogida de catálogos para desecharlos luego. Como contrapartida, algunas personas que están interesadas en catálogos específicos prefieren no llevar nada en sus manos para moverse mejor por el recinto ferial. A estos últimos se les ha de enviar posteriormente el catálogo por correo electrónico o postal, porque es una inversión adecuada.

4 Organización del almacén

Suele ser conveniente reservar una parte del espacio contratado a modo de almacén. En muchas ocasiones, se necesita espacio adicional para guardar ropa de abrigo, bolsos, cámaras fotográficas, maletas del personal que viene del aeropuerto sin pasar por el hotel, material para embalar o desembalar, material de oficina, elementos promocionales o de degustación, etc. Una buena organización de este material en estanterías facilita el aprovechamiento del espacio.

El almacén puede ser un buen lugar donde ubicar elementos de cierto volumen que entorpecerían el flujo de personas en el estand, como el frigorífico o los equipos informáticos y de proyección audiovisual.

5   Aperitivos y degustaciones a visitantes

Aunque lo más sencillo es disponer de unos caramelos o dulces y agua, conviene tener la posibilidad de obsequiar a los visitantes del estand con alguna bebida o aperitivo, especial-

Figura 13.2. Ofrecer productos de degustación y bebida puede atraer a muchos clientes.

mente en determinadas horas del día. Detalles como estos se agradecen y facilitan la fluidez de la comunicación con el visitante.

Si se desea ofrecer bebidas, por ejemplo vino, cerveza o refrescos, y unos frutos secos de acompañamiento, es obligado disponer de frigorífico, incluso de hielo, y por supuesto vasos y platos. Si no se dispone de frigorífico, se puede encargar la bebida al bar del recinto ferial según se vaya necesitando, pero esto requerirá una persona en continuo tránsito y adecuarse a los precios del establecimiento.

Pueden ofrecerse bebidas con algo de comer, sobre todo si se trata de productos con denominación de origen. La degustación de alimentos típicos del país y reconocidos internacionalmente constituye un atractivo para la mayoría de visitantes.

6   Material promocional para obsequios

Los obsequios a visitantes en las ferias suelen consistir en pequeños elementos de *merchandising* que producen un impacto en el cliente potencial por su gratuidad y facilitan la comunicación entre visitante y expositor. Se valora su originalidad y vanguardismo, por lo que la industria del regalo está siempre reinventándose. Es una forma de publicidad que tiene la virtud de trascender al visitante, que la llevará consigo allí donde vaya, por lo que su alcance puede ser más relevante de lo esperado.

Existen múltiples elementos promocionales con los que obsequiar a los visitantes: desde prendas corporativas, balones, lápices de memoria, bolígrafos, cuadernos y abanicos, hasta la propia bolsa para guardar catálogos, muy apreciada los cuando se lleva más de una hora en la feria.

Conviene discriminar entre los obsequios para entregar de manera generalizada a las personas que se acerquen al estand, y aquellos otros exclusivos para clientes, empresas colaboradoras y visitantes con los que se quiere tener una atención especial.

7 Organización de desayunos y almuerzos del personal

Además de planificar las visitas que se han de recibir, el equipo que asiste a la feria se ha de coordinar para acudir a la cafetería o al restaurante sin desatender el estand.

Figura 13.3. Los servicios de restauración contribuyen a ofrecer una atención de calidad a los visitantes del estand.

Cuando el estand tiene servicio de comidas u ofrece un aperitivo o coctel, las horas de la comida pueden ser las más concurridas, por lo que hay que asumir que se ha de comer allí. Si no, habrá que turnarse para ir al restaurante.

También es importante saber si se va a invitar a algún visitante a un almuerzo, para gestionarlo. A veces, es conveniente tomar un taxi y comer fuera del recinto ferial con determinadas personas clave.

8   Recogida de información de visitantes y otros expositores

En momentos de poca afluencia, generalmente al inicio o al final de la jornada, es bueno que el equipo del estand se turne para conocer la feria, recabar información de otros estands o de posibles empresas colaboradoras, o acudir al estand de aquellos potenciales clientes que aún no han visitado el estand propio. Para ello, es fundamental disponer del catálogo oficial a modo de guía de empresas, actividades, productos y ubicación en la feria.

Parte 2

Desarrollo de la feria

Capítulo 14

Primer día de la feria

1 Inauguración

El día de la inauguración, la empresa debe lucir sus mejores galas. Esta jornada tiene una mayor repercusión mediática y trascendencia. Puede que no sea día en el que la feria reciba el mayor número de visitantes, pero todo debe estar a punto porque va a ser puesto a prueba.

2 Relaciones con la prensa

Los medios de comunicación sectoriales acostumbran a cubrir los acontecimientos de la feria y a interesarse por las novedades que presentan las principales firmas. Aunque suelen tener su propia agenda, es conveniente citarlos a una hora específica. Con ello se reduce la dependencia del personal del estand de esta visita, tanto si se ha planificado una rueda de prensa o una entrevista con alguna publicación.

Para conseguir una buena presencia en los medios de comunicación es mejor no improvisar y llevar bien preparados los mensajes, que deben ser pocos y claros. Los medios disponen de un tiempo reducido para dedicar a cada asunto, por lo que las entrevistas durarán pocos minutos. Cuanto más conciso y resumido sea el mensaje, más fácil será que el medio recoja correctamente el núcleo central de la información. Lo ideal es focalizarse en aspectos positivos, como la innovación, la utilidad de los productos o servicios, la colaboración con otras empresas, etc.

Algunos medios hacen un reportaje fotográfico tras la entrevista. Esto presenta la ventaja de que ya existe un clima de confianza propicio, el entrevistado está más relajado y se cuidan los detalles. No obstante, algunos fotógrafos tienden a retratar el estand antes de saludar, con el ánimo de capturar una imagen natural menos forzada. Hay que estar atentos minutos antes de la cita a cualquier posible cámara.

Conviene anunciar en la agenda de eventos de la web corporativa que se planea conceder una entrevista y posteriormente presentarla, incluyendo el enlace a la web de la publicación.

3   Coctel de bienvenida

Durante el primer día de feria, muchas empresas brindan con un coctel de bienvenida y ofrecen un aperitivo. Este evento servirá para que se encuentren en el estand tanto los principales rostros que representarán la empresa los días de feria como los invitados más importantes. La recepción puede atraer numerosas visitas iniciales y contribuir a generar una actitud positiva.

Aunque algunas empresas prefieren organizar este tipo de eventos hacia el final de la feria, un empujón inicial como este es moralmente enriquecedor para el equipo comercial, teniendo en cuenta que los primeros días acostumbran a registrar un menor número de visitas. Al visualizar un alto grado de actividad en el coctel, las visitas pueden acabar de concertar una cita en los días que aún quedan de feria si todavía no han confirmado su agenda.

4 Reporte fotográfico

Independientemente de que algún medio de comunicación acuda al estand para realizar una entrevista o reportaje, es conveniente contar con un reportaje fotográfico propio. Debería realizarse uno al inicio de la feria que sirva de presentación corporativa, con los catálogos bien colocados y el personal en su posición de atención al público. En este reportaje inicial se debe cuidar cada detalle y hacer tantas tomas como sean necesarias hasta que se obtenga la instantánea perfecta.

Es conveniente tomar fotografías de la actividad en el estand a lo largo de la feria: mesas con clientes, aglomeración de gente, personas charlando, entrega de catálogos, saludos a los clientes, etc.

Cuando se organizan cocteles, conferencias, presentaciones, etc., se debe establecer quién realizará las fotografías y con qué cámara lo hará. A veces todo el personal está ocupado en alguna actividad y nadie es responsable directo de la toma de fotos o vídeos, con lo que se puede perder la oportunidad de captar unas instantáneas valiosas.

Las fotografías serán la marca de identidad de la empresa y servirán para atestiguar su presencia en distintos eventos. El archivo fotográfico debe estar disponible para utilizarlo en las actualizaciones de la web, publicaciones corporativas, catálogos, etc.

5   Discurso, presentación

En los actos en los que se participe durante la feria (por ejemplo, un coctel, una conferencia o una mesa redonda), habrá que hacer un saludo o una breve presentación de la empresa y sus productos. La persona que vaya a representar a la empresa en este tipo de eventos debe llevar preparado un breve texto, que pueda servir de ayuda o recordatorio.

Por otro lado, aunque las ferias están planteadas para ofrecer informaciones muy sintetizadas, por el poco tiempo que expositores y visitantes pueden dedicarse mutuamente, es recomendable disponer de una presentación con los aspectos esenciales de la empresa en un sistema de fichas o esquemas que pueda visualizarse.

Capítulo 15

Cumplimentación documental

Dicen que más vale «lápiz corto que memoria larga», una máxima que merece recordarse en la gestión comercial y de relaciones públicas.

En una feria quizá se reciban más de cincuenta visitas diarias. Algunas de ellas entregan sus tarjetas, charlan brevemente con algún miembro del estand y reciben documentación, de manera que parece que se haya establecido una relación fructífera con ellas. Sin embargo, a los pocos días su recuerdo se difumina y a pesar de las conversaciones mantenidas, de haberlos invitado a un aperitivo o de haber avanzado una oferta, por ejemplo, no existe certeza de a quién corresponde cada tarjeta.

Sucede así, en parte, porque las tarjetas de visita no incorporan, por lo general, una fotografía que ayude a recordar mejor a cada persona. Pero otra parte, a veces no se toma nota de las visitas, sus nombres y empresas, su actividad, el sector al que pertenecen, su país de origen y los mercados a los que llegan, qué compran y a quién, y sobre todo, qué necesitan y cómo podemos colaborar.

Se debería cumplimentar una ficha por visita. Obviamente, no se puede realizar ficha de las personas que pasan rá-

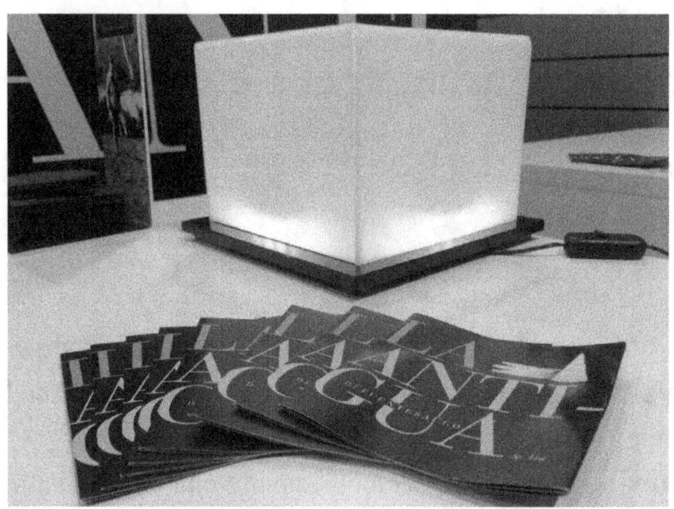

Figura 15.1. El diseño de los catálogos corporativos puede ser un factor de atracción para contactar con visitantes de la feria.

pidamente, toman un catálogo y lo introducen en su bolsa sin apenas mirar el contenido. Pero sí de las atendidas en el mostrador, y por supuesto de aquellas a las que se invita a sentarse y dialogar.

Si parece muy forzado tomar notas durante el trascurso de la reunión o pequeño encuentro informativo, puede hacerse cuando el visitante se haya marchado, preferiblemente inmediatamente después y antes de comenzar otra visita, ya que se corre el riesgo de olvidar muchos detalles o de mezclarlos con informaciones provenientes de otras visitas.

Lo ideal es disponer de formulario completo, pero sencillo, para compilar un resumen. Mejor, si es un listado con casillas de de fácil y rápida cumplimentación.

Si el visitante entrega una tarjeta, se adjuntará al formulario. De esta manera no será necesario cumplimentar los datos de contacto. Si el visitante ya no dispone de tarjetas, hay que dedicar un minuto a rellenar el formulario con sus datos de contacto: dirección electrónica, teléfono, etc.

Esta tarea viene facilitada con la lectura del código QR de la tarjeta de identificación que los asistentes reciben cuando se registran para acceder a la feria y que permite volcar los datos básicos en el sistema informático. Con estos datos volcados en el sistema informático y la información complementaria de las necesidades generales o de productos concretos (modelos, cantidades, condiciones, precios, etc.) y del mercado, se podrá disponer en la empresa de un compendio de información que podrá ser utilizado fácilmente en el futuro.

Las aplicaciones para dispositivos móviles permiten recopilar esta información de manera ordenada, asociarla con una tarjeta de visita fotografiada con el mismo dispositivo e incluir una foto de la persona realizada en el mismo momento. Este acopio de información puede transferirse así a los departamentos que corresponda de la empresa, comerciales o de operaciones, para dar continuidad a las relaciones establecidas en la feria con la mayor celeridad.

Capítulo 16
Actividades en la feria

1 Punto de encuentro con clientes, proveedores, agentes, colaboradores

Las ferias ofrecen la ventaja de reunir sectores completos, por lo que la actividad del estand puede dedicarse a buscar clientes potenciales, a desarrollar colaboraciones comerciales, a organizar reuniones con socios tecnológicos o a recibir empresas que vienen a ofrecer sus productos o servicios. Por ello, hay que prever qué perfiles profesionales de la compañía no deben faltar en el equipo enviado a la feria como expositor.

También hay que estudiar qué presentaciones o encuentros se deben propiciar con carácter estratégico. Por ejemplo, puede interesar presentar a una empresa asociada un cliente o proveedor con el que exista una buena relación y que pueda comunicar una experiencia comercial positiva.

2 Punto de venta

En función de la tipología de productos o servicios, se puede vender directamente desde el estand y, por tanto, realizar transacciones económicas. Para ello resultará útil disponer de lectores de códigos de barras (para conocer el precio e inventariar la venta) y de un dispositivo de cobro por tarjeta de crédito, así como emitir *tickets* de venta con el compromiso de enviar posteriormente la factura si en ese momento no se pueden hacer facturas mediante un sistema informático. También conviene disponer de listas de precios impresas para aplicar los descuentos de las promociones especiales válidas durante el trascurso de la feria.

3   Encuentro con la competencia

Una feria es una oportunidad de oro para investigar a la competencia y comparar sus procedimientos de manera fácil. Se puede analizar las personas que han acudido, el cargo que desempeñan, las novedades que han mostrado, cómo se han presentado en el sector, si han promocionado o no alguna publicación o acto, si dan alguna formación, qué eventos están anunciando, qué productos han seleccionado para exhibir, cómo es su estand, cómo son sus catálogos, etc.

Generalmente, es positivo conocer personalmente a la competencia, porque podría ser beneficioso para ambos proporcionarse apoyo mutuo para introducirse en algunos mercados, pujar como bloque sectorial y vencer obstáculos burocráticos. Las sinergias permiten reducir costos participando en una misma cadena de suministro, especialmente cuando se producen compras o envíos a terceros países.

En ocasiones, hay que establecer alianzas con la competencia para hacer frente a una nueva legislación, a certificaciones obligatorias o medidas gubernamentales, y establecer unas bases comunes favorables. Conocerse con nombre y apellidos puede ser útil para ambas partes.

4   Redes sectoriales

Participar en ciertos congresos, ponencias, mesas redondas, etc. puede abrir las puertas a nuevos contactos sectoriales que no son necesariamente clientes o proveedores, pero que quizá puedan prescribir nuestros productos o facilitar el acceso a personas clave en determinadas empresas, con las que desarrollar una colaboración directa.

Por otro lado, una feria no empieza y acaba en el recinto ferial. Fuera de él, se pueden planificar aperitivos de media tarde o encuentros para cenar, por ejemplo. Por muy cansado que se esté, no se debe desaprovechar la oportunidad de dialogar con un cliente en otro clima, en un ambiente relajado, y establecer una relación de confianza.

Cuando asisten a ferias en el extranjero, las personas sienten la necesidad de pasear y encontrarse en un entorno distinto del habitual. Es un momento ideal para invitar al cliente a cenar. Si alega cansancio pero interés, siempre se le puede ofrecer acudir a algún restaurante cerca de su hotel.

5 Presentación de novedades

Una feria es el escaparate perfecto para mostrar aquellas novedades en las que se ha trabajado recientemente. El impacto que se consigue en una feria es muy superior al de cualquier otro evento, debido al número de personas que recordarán dónde las vieron por primera vez. Si además queda registro escrito o audiovisual, publicado en prensa o las webs de referencia sectorial, la presentación queda documentada de manera más eficaz que en otros contextos.

Adicionalmente, la presentación de novedades puede incluir sesiones formativas, entrega de muestras y nuevos catálogos, etc.

6 Formación

La formación es un aliciente para los visitantes. Muchas veces, se combinan las visitas a estands con las sesiones formativas, de una manera más relajada.

Las conferencias, los seminarios, las presentaciones, los debates pasan a formar parte del bagaje que el visitante se lleva consigo. Después de recorrer pasillos, escuchar a comerciales, investigar productos y recoger informaciones, recibe una información cualificada de un conjunto de ponentes.

7 Promociones

Para atraer visitantes que realicen compras durante la feria, se pueden estimular las ventas a través de promociones feriales, ofreciendo descuentos sobre el precio de venta de los productos o servicios o incluyendo gratuitamente muestras de productos, por ejemplo. Las muestras, al igual que las demostraciones de producto, permiten testar el mercado de manera rápida. Las promociones pueden estar anunciadas durante meses o ser ofertas relativamente por sorpresa, en el último momento.

De hecho, algunos clientes esperan a visitar una feria para realizar sus compras anuales o una compra determinada.

8 Actividades lúdicas

Algunas empresas expositoras organizan actividades lúdicas para conseguir notoriedad y destacar por encima de otras compañías, reuniendo un número de personas suficientemente grande, como para que un porcentaje de ellas se interese por los productos o servicios de la empresa.

Las actividades lúdicas pueden consistir en concursos, pruebas, retos, actuaciones musicales, bailes o degustaciones, entre otras posibilidades. El visitante aprovecha estas oportunidades para tomarse un descanso, aunque el estand no le interese.

El visitante no debe perder de vista que se trata de una pausa y que no ha de demorar el resto del trabajo que se pre-

Figura 16.1. Las actividades lúdicas son una buena opción para atraer a los visitantes.

tendía realizar. Para el expositor, lo importante es identificar claramente qué finalidad se desea conseguir con la actividad, porque puede ser una inversión demasiado elevada que no asegure alcanzar el público objetivo.

9 Participación en eventos

Es importante participar en las actividades culturales y divulgativas que tienen lugar en la feria, tanto si son organizadas por la propia empresa como si no: conferencias, talleres, debates, etc. Los foros permiten tomar el pulso de las tendencias, aportar conocimientos o compartir las novedades que se presentan al mercado, por ejemplo. También son idóneos para

Figura 16.2. Es beneficioso asistir a las actividades que tienen lugar en la feria, como las conferencias, talleres o debates.

darse a conocer y prestigian a las personas que representan a la empresa.

Si se anuncian y comparten en redes sociales, este tipo de eventos potencia los aspectos cualitativos de las empresas. Hay que divulgarlos con suficiente antelación, invitando a los clientes a acudir, y actuar, si es posible, como empresa patrocinadora, aprovechando para grabar vídeos sobre su desarrollo y para crear un reportaje fotográfico en el que se destaquen los elementos de representación corporativa.

Parte 3
Rentabilización de la presencia en feria

Capítulo 17

Seguimiento comercial

1   Informe de visitas y monitorización de su evolución

Inmediatamente después de terminar la feria, se deberían recopilar y clasificar todas las fichas de clientes cumplimentadas, repasarlas e incluso añadir algún detalle nuevo que se obviara en su momento. Toda esta información, tanto de clientes actuales como de los potenciales, debería registrarse en un sistema de gestión. En general, los datos de contacto se suelen incluir en la base de datos de clientes o ERP que se emplee. El resto de la información se suele grabar en un archivo comercial de seguimiento, que bien puede ser una hoja de cálculo, un CMR o lo que la empresa disponga para tal fin.

Con la información grabada en el archivo comercial, se debería poder realizar o extraer directamente del sistema informático un informe detallado de visitas. Cuantas más clasificaciones se hayan incorporado, más fácil será distribuir la carga de trabajo entre el equipo comercial que tome el relevo a partir de ese momento. El archivo comercial debe plantearse de manera que permita realizar un seguimiento periódico, añadiendo quién ha realizado qué acciones, cuándo y el resultado de las mismas.

Cuando se plantean los hitos a lograr en el tiempo, es fácil seguir y monitorizar los avances proyectados, así como generar un resumen histórico como base para plantear nuevos avances comerciales.

2 Agradecimientos a visitantes

La mejor manera de hacer un primer contacto positivo con las personas que se conocieron durante la feria es enviarles un correo electrónico, agradeciéndoles la visita al estand e invitándolas a ejecutar lo que se abordó durante el encuentro.

Por ello es conveniente recopilar previamente todas las fichas de contacto cumplimentadas, con el fin de revisarlas y completarlas con algún detalle adicional que aclare las necesidades expresadas en la visita y el objetivo que la empresa pretende alcanzar con esa relación, e incluso la forma que se ha pensado para conseguirlo.

Ese correo inicial sirve tanto para establecer una relación a partir de un primer encuentro en la feria como para consolidarla a partir de contactos previos que se han fortalecido en la muestra, ya que han permitido verse cara a cara y dialogar con calma.

En la semana posterior a la feria debería enviarse un correo de agradecimiento, aunque sea breve y no entre en detalle de lo que se ha pactado o sobre los compromisos adquiridos. El objetivo es que nuestro contacto nos tenga presente.

3 Preparación y envío de documentación

En los encuentros que se mantienen cara a cara durante la feria, se asume el compromiso de remitir a las personas entrevistadas determinada documentación. Por ejemplo, catálogos más completos o con descripciones técnicas, listas de precios o cotizaciones, informaciones sobre certificaciones, estimaciones del costo de transporte asociado a envíos concretos o información aduanera sobre aranceles y tasas para la exportación o importación desde países de origen y destino específicos.

Esta documentación comporta obviamente un trabajo, a veces un estudio estratégico sobre su oportunidad y en otras ocasiones una investigación en cámaras de comercio, consulados u otros organismos de la Administración.

Por ello, en la semana siguiente a la feria conviene enviar un primer correo de agradecimiento, donde se detalle lo que se acordó durante la muestra, y se confirme que se está trabajando en ello y que se remitirá en breve la información pertinente. Con ello se refuerza el compromiso, se genera una expectativa en la otra parte y se formaliza el contacto como muestra de interés comercial mutuo. Por otro lado, este correo sirve para corroborar los pormenores de la documentación que se ha de remitir y se ofrece a la empresa destinataria la posibilidad de modificar o añadir cualquier aspecto que considere oportuno.

Asimismo, este procedimiento da más margen de tiempo para trabajar en la documentación que se ha de remitir, sin erosionar las expectativas del cliente porque haya discurrido un tiempo sin recibir noticias.

4   Gestión de ofertas solicitadas

Es importante atender a todas las peticiones de ofertas recibidas durante la feria. Seguramente se pudieron atender algunas solicitudes durante el encuentro, especialmente si estaban previamente preparadas para clientes a los que se esperaba, o si se dieron sobre la marcha precios basados en tarifas generales, pero normalmente todavía quedará mucho trabajo comercial por realizar en este campo.

Por ejemplo, cada vez que se tiene acceso a un posible nuevo cliente al que se le hace una oferta, se debe analizar el rango de precio que se le quiere dar dentro del mercado, para poder posicionarlo en la cartera de clientes existente.

A veces se obvia cómo ofrecer condiciones económicas que premien su fidelidad o que permitan escalar posiciones según se alcancen volúmenes de compras.

Sea con clientes nuevos o consolidados, después de la oferta se puede dar un proceso de negociación. Hay que recordar que las concesiones deben cuantificarse y no darse si no es a cambio de otra concesión de retorno.

Será clave monitorizar el progreso de las ofertas en el tiempo. Conviene saber qué se oferta de partida y cómo se ha ido modificando la oferta para adaptarla a cada posible nueva empresa asociada, cliente o proveedora.

Capítulo 18
Marketing digital eficaz

La participación en una feria tiene un alto costo, por lo que hay que tratar de aprovechar la oportunidad para desarrollar una campaña de promoción como continuidad del evento. Se ha de preparar un cronograma con el programa de comunicación que se pretende llevar a cabo de manera generalizada con los nuevos contactos establecidos y que puede ampliarse a todos los clientes y contactos existentes en la base de datos de la empresa.

Se puede plantear un esquema de publicaciones o correos electrónicos con una periodicidad determinada, de manera que el esfuerzo promocional realizado en la feria se mantenga activo y vigente hasta la siguiente edición o visita comercial, en la que se reforzará nuevamente la relación con un nuevo encuentro personal.

En este programa de comunicación se pueden incluir noticias en prensa sobre la empresa, nuevos productos y catálogos, comentarios positivos de clientes o proveedores, actos en los que se participa, eventos que se patrocinan, muestras de productos que se pueden solicitar, nuevos centros de venta o distribuidores, etc.

También es habitual que la empresa disponga de un blog divulgativo, donde se publiquen artículos de interés profesional y sectorial. Cuanto más valor tenga esta información, más se compartirá en las redes sociales y más seguimiento generará en los contactos, hasta el punto de suscribirse a la publicación.

No obstante, aunque las informaciones que se emitan pueden generar interés, el mejor reclamo son las ofertas y promociones. Debe estudiarse el modo de combinar las informaciones con el anuncio de ofertas puntuales o novedades con precios de lanzamiento para conseguir un efecto positivo en la intención de compra.

Capítulo 19
Informe de conclusiones

Se recomienda realizar cuanto antes un informe con las conclusiones sobre el desarrollo de la feria. Cuantos más días se espere a redactarlo, más imprecisa y confusa será la información, porque la memoria juega malas pasadas. No se recordarán algunos comentarios o impresiones, que tienden a olvidarse fácilmente una vez se regresa a la oficina. El informe de conclusiones, que ha de adaptarse a las necesidades de la empresa expositora, puede contener algunos aspectos esenciales, como:

- Información general sobre la feria: número de expositores y visitantes, perfil de los mismos, países de procedencia, actividades desarrolladas, comentarios generales, fallos o aciertos, etc.
- Tendencias del sector: lo que se prescribe para el futuro, lo que ha destacado como tecnología, lo que ha sorprendido, lo que ha sido común para todos los expositores, etc.
- Resumen del tipo de mercado: ¿Qué tipo de acogida ofrece el mercado del país organizador de la feria al sector? ¿Son autárquicos y proteccionistas, o están abiertos

a las propuestas provenientes de otros países? ¿Tienen tradición exportadora o importadora? ¿Se permite crear un canal de venta directo desde otros países o se requieren empresas asociadas locales? ¿Pueden distribuir en otros países sobre los que tienen influencia?

- Resumen de las visitas recibidas: número, distribución por perfil (empresas proveedoras, asociadas, clientes, agentes), por país, por intereses o gamas de producto.

- Actuación de la competencia: qué empresas participaron, qué presencia mostraron y qué productos presentaron, quiénes de nuestros contactos los visitaron y qué opinaron de ellos.

- Innovaciones presentadas y nuevos productos o materiales expuestos: ¿Qué ha llamado más la atención, su tecnología, su creatividad, sus materiales, su forma de presentación o simplemente sus nuevas utilidades? ¿Alguna innovación o tendencia a la que convenga sumarse? ¿Algo que imitar o incorporar?

- Nuevos actores: ¿Destacó alguna empresa por algo? ¿Alguna empresa de nueva creación o proveniente de alguna fusión puede suponer una amenaza o una oportunidad? ¿Ha aparecido algún cliente potencial interesante del que nunca se hubiera oído hablar? ¿Algún expositor mostró una posición de liderazgo sin que antes se hubieran advertido sus potencialidades?

- Conclusiones generales.

Capítulo 20
Control del presupuesto

Al regresar a la empresa es conveniente recopilar los *tickets* y las facturas, y cotejar el presupuesto planteado con los gastos incurridos hasta la fecha y las facturas pendientes de recibir.

En general, los principales costos directos relacionados con la organización ferial, como el espacio contratado, el seguro, las invitaciones, la inscripción en catálogo u otras publicidades, se suelen facturar antes de la propia feria. Por lo tanto, su control sobre el presupuesto debería estar ya cotejado y registrado en las tablas de seguimiento. Otros gastos asociados al estand, como su fabricación, decoración o mobiliario, también suelen facturarse antes de la propia feria, por contratarse a la organización ferial o a otras empresas.

Sin embargo, es mejor recopilar posteriormente determinados costos muy ligados al desplazamiento del personal, porque solo se facturan al consumirse, como hoteles, taxis, transporte público, comidas, etc. En general, vienen presentados en notas de gastos a mes vencido, pero es conveniente guardar copia de todo lo que esté asociado al evento para compararlo con el presupuesto asignado.

También algunos apartados como obsequios y enseres o la contratación de personal auxiliar pueden facturarse tras la asistencia a la feria o durante la misma, por lo que no se ha de olvidar lo que se contrató y solicitar las facturas si estas no han llegado todavía.

Por último, tanto si hay subvenciones finalmente aprobadas, como si hay que abonar un pago a asociaciones gestoras, se han de conseguir las facturas a tiempo, de modo que el reporte de seguimiento de presupuesto se pueda completar lo antes posible con la visión más completa y realista.

Capítulo 21

Análisis de resultados a medio plazo

Una vez recopilada la información sobre los asistentes a la feria, con la lista de nuevos contactos estructurada, la definición de las posibilidades de acciones comerciales contempladas a corto o medio plazo y las acciones comprometidas o planificadas en la hoja de seguimiento de clientes, es el momento de analizar la actuación de la empresa y la rentabilidad de la inversión.

Entre las mediciones más interesantes se deben incluir las siguientes:

- Comparar los nuevos contactos establecidos con los que se habían planificado, tanto en número y en calidad (por ejemplo, su capacidad de compra, tipo de producto o precios que ya barajan), como por mercados (sectores, regiones, países, etc.).
- Verificar qué visitas programadas en la agenda se cumplieron (independientemente de la hora y el día) y cuáles son las acciones de seguimiento que se han podido establecer.
- Comprobar en qué medida se ha tomado el pulso al mercado, al sector, a la competencia y a las novedades, y sobre todo cuáles son las lecciones aprendidas.

- Comprobar si los clientes han recordado la empresa al remitir el correo de agradecimiento de la visita y si esperaban la información comprometida y les ha sido de interés.

- Medir la repercusión mediática de la publicidad en medios de comunicación o en patrocinios, por ejemplo, a través del incremento del número de visitas en la web corporativa en los días posteriores a feria, de posibles correos electrónicos o llamadas demandando información, así como a través de la utilización de ofertas o promociones anunciadas exclusivamente en la feria bajo cupones o nomenclaturas que sean fácilmente trazables.

- Conocer si se han localizado empresas distribuidoras o agentes para distintos mercados, especialmente si ya se está en proceso de negociación.

- Comprobar si se han aportado nuevos proveedores, especialmente para las áreas o productos que se necesitaban y se había propuesto.

- Registrar el número de seminarios o conferencias de interés a los que ha asistido el equipo del estand.

Con toda esta información se pueden preparar estadísticas acerca del costo por contacto útil o por facturación estimada proveniente de la actividad comercial de feria.

Capítulo 22
Planificación de la próxima asistencia

Si el análisis de los resultados confirma que la participación en la feria ha sido rentable para la empresa, es el momento de plantearse la participación en la siguiente edición.

La asistencia a una feria constituye una inversión a medio y largo plazo. Sirve para crear marca internacional, aprender, sincronizar con el mercado, crecer en la forma de acercase a los demás actores y, por supuesto, posicionarse en un determinado sector. Una feria puede aportar grandes beneficios que pasan a formar parte de los intangibles de una empresa y que hay que valorar con detalle.

De las conclusiones generales que se extraigan sobre la asistencia a una feria, se pueden extrapolar decisiones o plantearse ciertos cambios o retos para las siguientes participaciones. Algunas de las preguntas a plantearse son:

- ¿Fue correcto el estand presentado tanto por espacio como tipología?
- ¿Los productos expuestos eran los adecuados para el tipo de público?
- ¿La ubicación nos favoreció o por el contrario se ha de cambiar en el futuro?

- ¿Se disponía de suficientes catálogos o información impresa para suministrar?

- ¿La imagen del estand era acorde a la del resto de participantes, en especial de la competencia?

- ¿La campaña de comunicación dio los frutos esperados o hay que reorientarla?

- ¿El seguimiento de los clientes ha sido suficiente o hemos erosionado sus expectativas por tardar en exceso en contestar o por presionarlos demasiado?

- ¿Fueron apreciados los obsequios? ¿Quizá otros regalos hubieran encajado más con el tipo de público? ¿Se podría obviar o reconducir este gasto?

- ¿Se ha detectado que la publicidad en algún medio de comunicación haya aportado beneficios específicos o abierto alguna puerta? ¿Sigue siendo necesaria o ya no hace falta?

- ¿A la vista de los resultados de la edición anterior, cuáles son los objetivos que han de guiar la participación en la próxima edición?

Test de autoevaluación

Indique si las siguientes afirmaciones son verdaderas o falsas para comprobar los conocimientos adquiridos con esta guía.

1 El perfil del público de las ferias es el de cliente.
....

2 Una feria bianual se celebra cada dos años.
....

3 Es necesario establecer objetivos concretos para cada venta.
....

4 El presupuesto solo incluye la partida del stand.
....

5 Previamente a una feria, no se puede preparar una agenda, ya que se desconoce quién visitará el estand.
....

6 Los objetivos se fijan tras la feria, al analizar la información recopilada.
....

7 Las ferias comerciales son el momento más adecuado para presentar las novedades.
....

8 El único propósito de las ferias es el de aumentar las ventas.
....

9 Las fichas de cliente ayudan a recopilar toda la información comercial relativa a las visitas recibidas en el estand.
....

10 A las ferias únicamente debe asistir el equipo comercial.
....

11 Únicamente en las ferias del sector educativo se realizan actividades formativas.

. . . .

12 Si una de las empresas participantes en la feria resulta ser de la competencia, es preferible no asistir.

. . . .

13 No tiene importancia dónde se alojen los participantes de un estand puesto que no se verá.

. . . .

14 Las ferias son lugares idóneos para realizar promociones.

. . . .

15 En una feria no se puede someter a valoración un producto. Hay que esperar a que esta termine para verificar cómo ha funcionado.

. . . .

16 Previamente a una feria, es muy recomendable hacer un estudio de mercado en el país donde se celebra.

. . . .

17 Los expositores tienen prohibido dar conferencias con el objetivo de no crear agravios comparativos.

. . . .

18 Para entrar en una feria no es necesario solicitar los pases de expositor, es suficiente con mostrar la tarjeta de empresa ya que está permitida la entrada libre.

. . . .

19 Se puede renunciar a elaborar un catálogo de la feria, así como a publicitarla en los medios.

. . . .

20 El costo del estand está vinculado únicamente con los metros cuadrados ocupados.

. . . .

21 A la organización ferial solo se le puede contratar espacios y servicios directos como agua o electricidad.

. . . .

22 La ubicación de un estand en pasillos centrales tiene siempre un costo elevado.

. . . .

23 Todos los estands tienen las mismas características.

. . . .

24 Se debe empezar a organizar una feria con un año de antelación.

. . . .

25 La organización ferial se encarga de la difusión de la participación de empresas, por lo que no es necesario realizar ninguna acción de difusión adicional.

. . . .

26 Es recomendable visar el montaje definitivo antes del inicio de feria.

. . . .

27 Se recomienda empezar a estudiar y solicitar el transporte con más de seis meses de antelación.

. . . .

28 El estand cumple únicamente la función de punto de reunión con los clientes.

. . . .

29 Los materiales más habituales en la fabricación de estands son el aluminio y la madera.

. . . .

30 Es irrelevante el tipo de vestimenta que lleve el equipo del estand, cualquier pieza será adecuada ya que hay libertad de etiqueta.

. . . .

31 Los regalos promocionales deben estar relacionados con el sector.

. . . .

32 Es importante realizar un reportaje fotográfico del estand de manera sistemática, independientemente de si se celebran ruedas de prensa.

. . . .

33 Las hojas de registro de clientes ayudan a recordad datos relevantes y las conversaciones mantenidas con los visitantes.

. . . .

34 Las ferias permiten a las empresas tomar comparadores de productos, servicios y procesos de trabajo que suponen mejoras y que pueden aplicar a su propia producción. Este análisis también se conoce como benchmarking.

. . . .

35 El presupuesto para la participación en la feria se debe preparar con antelación, hay que controlarlo adecuadamente, y conviene revisar que los gastos se ajustan al mismo.

. . . .

Soluciones del test de autoevaluación

1 Falso. Además de clientes, también pueden asistir socios, proveedores, etc.
(Cap. 1. Beneficios de una feria)

2 Falso. Las ferias bianuales se celebran cada seis meses. Las que se celebran
cada dos años son las denominadas ferias bienales.
(Cap. 3. Selección de la feria y comunicación con la organización)

3 Verdadero. Solo estableciendo objetivos se puede comprobar si se han alcanzado y medir el éxito de la participación.
(Cap. 2. Definición de objetivos)

4 Falso. El presupuesto debe incluir los costos totales directos de participación (estand, alquiler del espacio, etc.), pero también debe tener en cuenta los costos de desplazamiento, así como otros gastos que puedan sobrevenir. También se deben contemplar posibles subvenciones o los pagos a los gestores de la participación.
(Cap. 6. El presupuesto, la reserva y la contratación ferial)

5 Falso. A pesar de que un estand es un espacio abierto al que acude un público general no planificado, se puede preparar una agenda con aquellos visitantes cuya visita se puede anticipar. Esto ayuda a equilibrar el flujo de visitas del estand, genera público en momentos de menos afluencia general, y asegura que se dispondrá de los recursos y del personal necesario para atender a las visitas programadas.
(Cap. 10. Tácticas para el evento)

6 Falso. Es muy importante fijar los objetivos previamente para que la asistencia a la feria reporte beneficios.
(Cap. 2. Definición de objetivos)

7 Verdadero. Son la mejor oportunidad para presentar las novedades y valorar los prototipos, ya que son un escaparate muy amplio y es fácil llegar a gran cantidad de posibles compradores.
(Cap. 16, apartado 5. Presentación de novedades)

8 Falso. Además de aumentar las ventas, se pueden generar otros beneficios colaterales, como reforzar la imagen de marca, conseguir socios o incluso proveedores.
(Cap. 16. Actividades en la feria)

9 Verdadero. Son una herramienta fundamental para compilar toda la información relevante: datos de contacto y la discusión comercial mantenida.
(Cap. 16. Actividades en la feria)

10 Falso. Hay actividades donde puede ser imprescindible que asista personal de otras áreas, como la participación en ponencias, la asistencia a una visita específica o para fortalecer la imagen de la empresa.
(Cap. 10, apartado 2. Selección del equipo profesional)

11 Falso. Las actividades formativas es uno de los valores añadidos de las ferias de cualquier sector.
(Cap. 16, apartado 6. Formación)

12 Falso. Una de las ventajas más importantes de las ferias sectoriales es la posibilidad de encontrar en ella al máximo de sus actores. No acudir por ese motivo supone una desventaja frente a la competencia.
(Cap. 16, apartado 3. Encuentro con la competencia)

13 Falso. Un tema recurrente es preguntar justo dónde se está alojado, y marca el reconocimiento y tratamiento que la empresa hace del personal que presenta.
(Cap. 12. Plan logístico para las personas)

14 Verdadero. El público está especialmente atento a los descuentos y ofertas que premien su visita.
(Cap. 16, apartado 7. Promociones)

15 Falso. Las ferias suponen una gran oportunidad para realizar test y catas.
(Cap. 16, apartado 2. Punto de venta)

16 Verdadero. Es recomendable hacer un estudio de mercado para estudiar las posibles barreras comerciales o arancelarias.
(Cap. 3. Selección de la feria y comunicación con la organización)

17 Falso. Los expositores son los primeros invitados a participar u organizar congresos, seminarios o mesas redondas.
(Cap. 16, apartado 9. Participación en eventos)

18 Falso: No se admitirá la entrada de aquellos visitantes que no dispongan de los pases adecuados.
(Cap. 4. Análisis de la oferta de la organización ferial)

19 Falso. El catálogo, además de ser un compendio de las empresas participantes y un elemento de publicidad, es también un localizador dentro de la feria, por lo que resulta un elemento imprescindible.
(Cap. 4. Análisis de la oferta de la organización ferial)

20 Falso. El costo depende también de la tipología del estand, no únicamente de sus dimensiones.
(Cap. 6. El presupuesto, la reserva y la contratación final)

21 Falso. A la organización se le puede contratar mobiliario, ornamentación, audiovisuales o catering, entre otros servicios.
(Cap. 8, apartado 5. Contratación de servicios al recinto ferial)

22 Falso. La ubicación en el recinto se consigue generalmente por fidelización. El primero que contrata el espacio tiene la posibilidad de elegir entre los disponibles, sin embargo, los participantes de ediciones anteriores tienen un derecho de preferencia sobre el espacio previamente ocupado si les interesara.
(Cap. 5. La ubicación)

23 Falso. El diseño es una de las grandes diferencias entre los estands. Otras diferencias pueden ser la rotulación, el mobiliario, etc.
(Cap. 8, apartado 1. Tipología y diseño constructivo)

24 Verdadero. Es recomendable organizarla con el máximo margen temporal posible, incluso se puede empezar a organizar desde la edición anterior.
(Cap. 7. El calendario)

25 Falso. La empresa debe tratar de rentabilizar la participación en la feria difundiendo personalmente el evento entre sus contactos.
(Cap. 10, apartado 4. Acciones promocionales y publicitarias previas)

26 Verdadero. De ese modo se previenen posibles incidencias o inconvenientes y se tienen recursos para solucionarlos.
(Cap. 11, apartado 4. Montaje y desmontaje del estand)

27 Verdadero. Esto es de vital importancia cuando se trata de una feria internacional.
(Cap. 11, apartado 1. Transporte de ida y retorno)

28 Falso. El estand también refuerza la imagen de la empresa, es un punto de información, se pueden realizar actividades de formación y hacer demostraciones y promociones.
(Cap. 8. El estand)

29 Verdadero. Esos son los materiales más usados en estands moduales de alquiler, ya que son versátiles, ligeros y resistentes.
(Cap. 8, apartado 1. Tipología y diseño constructivo)

30 Falso. La vestimenta es una seña de identidad e imagen, y ofrece un mensaje determinado al visitante.
(Cap. 13, apartado 1. Vestimenta del equipo)

31 Falso. No es necesario que el obsequio tenga relación directa con el sector de la feria, pueden ser obsequios diversos, como bolígrafos o dulces.
(Cap. 13, apartado 6. Material promocional para obsequios)

32 Verdadero. Es la única manera de garantizar que se dispondrá de las imágenes para fines promocionales.
(Cap. 14, apartado 4. Reporte fotográfico)

33 Verdadero. Las hojas de registro facilitan que en el futuro se puedan recordar datos que, de otro modo, se habrían olvidado.
(Cap. 17, apartado 1. Informe de visitas y monitorización de su evolución)

34 Verdadero. Una feria es un buen lugar donde estudiar a la competencia.
(Cap. 16, apartado 3. Encuentro con la competencia)

35 Verdadero. Es necesario tomar una referencia de gasto y controlar su cumplimiento.
(Cap. 20. Control del presupuesto)

Colección: Gestiona
Director: David Soler

Cómo participar en ferias comerciales
1.ª edición, 2017
© Cristina Peña Andrés
© de esta edición, incluido el diseño de la cubierta, ICG Marge, SL
© fotografía de la cubierta: Shutterstock, r.classen

Edita: Marge Books
Avda. Alcalde Moix, 28 - 08207 Sabadell (Barcelona)
Tel. 931 429 486 - marge@margebooks.com
www.margebooks.com

Gestión editorial: Hèctor Soler
Edición: Alba Megías, Cristina Torres
Colaboración editorial: Geray Serrano, Juan Zamora
Compaginación: Mercedes Lara
Impresión: Gráficas 82 (Algete, Madrid)

ISBN: 978-84-16171-48-4
Depósito Legal: B 12444-2017

Procedencia de las ilustraciones:

Fira de Barcelona (Expoquimia), 36
Flickr, César, 29
Flickr, Quesería la Antigua de Fuentesauco, 98, 108
Iberstand, 39-42, 55-59, 62, 65, 67, 76, 98
Mobile World Congress, 24
Salón Internacional de la Logística y de la Manutención (SIL), 31, 50, 53, 64, 79, 115
Vislum, 94

El papel empleado en este libro no ha sido blanqueado con cloro elemental (Cl_2).

Cómo participar en ferias comerciales
Cristina Peña Andrés

Manual de prevención de riesgos laborales
Blas Gómez

La economia social y solidaria en Barcelona
Ivan Miró, Anna Fernàndez

Negociación para el comercio internacional
Cristina Peña Andrés

Manual del manipulador de alimentos
Blas Gómez

La economía social y solidaria en Barcelona
Anna Fernàndez, Ivan Miró

Manual de seguridad en el trabajo
Marge Books

**Cómo innovar en las pymes.
Manual de mejora a través de la innovación**
Alberto Tundidor Díaz

**Guía documental para exportar e importar.
Los 12 documentos clave**
Alberto García Trius

**Mass customization.
Las claves de la personalización masiva**
Blas Gómez Gómez

**Crédito documentario. Guía para el éxito
en su gestión**
Cristina Peña Andrés, Amelia de Andrés Leal

Guía práctica de las reglas Incoterms® 2010
David Soler

**Certificación Lean Six Sigma Green Belt
para la excelencia en los negocios**
Lean Six Sigma Institute, SC

**Certificación Lean Six Sigma Yellow Belt
para la excelencia en los negocios**
Lean Six Sigma Institute, SC

**Negociación intercultural. Estrategias
y técnicas de negociación internacional**
Domingo Cabeza, Pelayo Corella, Carlos Jiménez

**Las reglas Incoterms® 2010. Manual para
usarlas con eficacia**
Alfonso Cabrera Cánovas

**Regímenes aduaneros económicos y procesos
logísticos en el comercio internacional**
Pedro Coll

**Inglés náutico normalizado para
las comunicaciones marítimas**
José Manuel Díaz Pérez

Shipping & Commercial Case Law
Albert Badia

Gestión medioambiental en la industria
José M.ª Suris

Gestión financiera del comercio internacional
Josep M.ª Casadejús

**Manual de gestión aduanera. Normativas
del comercio internacional y modelos
de integración económica**
Pedro Coll

Los abordajes en la mar
Carlos F. Salinas

**El desorden sanitario tiene cura.
Desde la seguridad del paciente hasta
la sostenibilidad del sistema sanitario
con la gestión por procesos**
Rajaram Govindarajan

**Gestión y liderazgo en una empresa
de seguros**
Simón Mahfoud y Digna Peña

M A R G E BOOKS   Avda. Alcalde Moix, 28 – 08207 Sabadell (Barcelona) – Tel. +34-931 429 486 – marge@margebooks.com – www.margebooks.com